庆祝河南大学建校100周年珍藏丛书
世纪跨越 李文山 刘波 主编

百年盛典
BAINIANSHENGDIAN

郭灿金 时勇 杨利娟 编

河南大学出版社
HENAN UNIVERSITY PRESS
中国·郑州

图书在版编目(CIP)数据

百年盛典/郭灿金,时勇,杨利娟编. —郑州:河南大学出版社,2013.5

(世纪跨越:庆祝河南大学建校100周年珍藏丛书/李文山,刘波主编)

ISBN 978-7-5649-1183-6

Ⅰ.①百… Ⅱ.①郭…②时…③杨… Ⅲ.①河南大学—校史—史料 Ⅳ.①G649.286.11

中国版本图书馆CIP数据核字(2013)第076941号

责任编辑　史锡平
责任校对　史锡平
封面设计　翟淼淼

出　版	河南大学出版社		
	地址:郑州市郑东新区商务外环中华大厦2401号　邮编:450046		
	电话:0371-86059701(营销部)　　网址:www.hupress.com		
印　刷	开封市日报社印务中心		
版　次	2013年5月第1版	印　次	2013年5月第1次印刷
开　本	720mm×1000mm　1/16	印　张	11.5
字　数	212千字	印　数	1—5000册
定　价	36.00元		

(本书如有印装质量问题,请与河南大学出版社营销部联系调换)

世纪跨越：庆祝河南大学建校100周年珍藏丛书
编辑委员会

主　任：关爱和　娄源功
副主任：梁晓夏　赵国祥　王　凌
委　员：宋纯鹏　关学增　邢　勇　刘志军　雷　霆
　　　　朱恒宽　张保国　张克定　许绍康　李文山
　　　　刘　波
主　编：李文山　刘　波
副主编：时瑞刚　党鸿军
编　者：郭灿金　史周宾　张召鹏　马翠轩　时　勇
　　　　杨利娟　万合利　王宏宇　陈　旭

传递一种精神
（代序）

  嵩岳苍苍，河水泱泱。有一种担当，如嵩岳高；有一种精神，若河水长。
  2012年9月25日，河南大学——这所创办伊始即已抱定"面向世界"理念的学校，这所将"明德，新民，止于至善"定为校训的学校，迎来了自己的百年华诞。这是数十万河大人的喜事，也是河南高等教育界的盛事。
  不论今天、明天，还是遥远的未来，对于河南大学的教职工生、对于天南海北的河大校友、对于关注河大事业发展的社会各界人士来说，河大的百年校庆都会是一个温暖的记忆。温暖的记忆里会有校庆大会的庄重典雅，会有校庆晚会的流光溢彩，会有各级媒体对于河大所作的倾情报道，更会有学校百年发展史留给我们的深深震撼。
  百年求索，世纪辉煌，回望来路，雨雪风霜。
  在一百年的发展历程中，河南大学深深植根于中原文化沃土，与国家民族共命运，秉持"明德，新民，止于至善"的校训，形成了"团结、勤奋、严谨、朴实"的校风，造就与熔铸了深厚广远的河大精神：前瞻开放、面向世界，坚持真理、追求进步，百折不挠、自强不息，兼容并包、海纳百川，不事浮华、严谨朴实。
  河大精神融汇于百年辉煌校史中。
  河南大学百年发展史，是一部中国高等教育史和现代文明史的缩影。她是河南现代高等教育和现代文明的开启者、缔造者，伴随着时代变迁，演绎着一段段曲折坎坷的故事，铸就了爱国奉献、追求真理的光荣传统，为国家培养了一大批杰出人才，成为中国现代高等教育的一座丰碑。
  河大精神体现在河大人的卓越实践中。
  从建校之初的筚路蓝缕，到今日的世纪辉煌，一百年来，一代又一代河大人宵衣旰食、夙兴夜寐，以其丰富而卓越的实践，为中国的高等教育事业，为中华民族的文明、进步、繁荣、发展作出了独特的贡献。
  因此，百年校史既是一部学校励精图治、敢于探索、勇往直前的创业史，也是一部河大人自强不息、艰苦奋斗、开拓创新的心灵史。

百年探索，百年奋斗，我校独特的发展之路、辉煌的办学成就，博得了世界的广泛关注，更吸引了海内外媒体的目光。尤其在百年校庆前后，海内外媒体云集我校，他们爬梳我校的办学历史，展示我校的办学实绩，阐释我校的办学经验，传递我校的大学精神……所有这些，都在社会上引发了强烈反响，赢得了读者、观众的广泛赞誉。媒体对河大的深度报道、深入解读，形象而具体地阐发了"明德新民"的大学之道、"止于至善"的河大精神。所有这些，更是对河大精神的发扬光大。

因此，经过认真思考，我们决定编辑这套"世纪跨越"丛书。该丛书由以下独立成册的四本书组成：《百年盛典》、《百年历程》、《百年聚焦》、《百年光影》。其中，《百年盛典》记录我校百年校庆典礼的震撼场景；《百年历程》记录我校建校以来所经历的风雨沧桑；《百年聚焦》呈现各级平面媒体对我校所作的深度报道；《百年光影》集纳各级电视台对我校所作的视频报道。

在编辑"世纪跨越"丛书的过程中，我们由衷地认识到：学校的发展，离不开每一位教职员工的发展；学校社会价值的实现，离不开每一位教职员工自我价值的实现。实干兴邦，空谈误国。于国如此，于校亦然。我们应当团结拼搏、不懈追求，自觉将自我价值的实现和学校的发展有机结合。追寻先贤的榜样，彰显自我的价值，用自我的责任与担当，为高水平大学建设，为学校核心竞争力的突破和服务地方经济社会发展能力的突破而夙兴夜寐，竭尽心智。

因此，每一个河大人都应当成为校风校训和河大精神的传承者。

河大精神是弥足珍贵的精神财富，也是学校事业发展的力量源泉。作为百年校庆的亲历者，作为新百年的第一批建设者，实现百年名校振兴的神圣职责，已责无旁贷地落在了我们这一代河大人的肩上。传承校风校训和河大精神并将之发扬光大，是我们的光荣职责和神圣使命。新的百年，新的希望，需要我们精勤不倦；新的期待，新的跨越，需要我们奉献不息。

当前，河南大学正处于历史上最好的发展时期，也处于攻坚克难的关键时期。等待我们的是宏图伟业，等待我们的是海阔天空！我们坚信，河南大学的未来会因每一位教职员工的创新创造而更加辉煌，教职员工的明天会因河南大学的繁荣进步而更加精彩！

我们愿以此丛书和全体河大人共勉，让我们将温暖留在心底，为后人创造新的业绩！

是为序。

编者

2013年2月

目 录

传递一种精神(代序)/1

题词篇

 温家宝/2
 路甬祥/3
 韩启德/4
 梁光烈/5
 陈奎元/6
 陈宗兴/7

贺信篇

 贾庆林/10
 李长春/12
 李克强/14
 刘云山/15
 刘延东/16
 梁光烈/18
 陈宗兴/19
 迟浩田/20
 中华人民共和国教育部/22
 中国社会科学院/23
 中国社会科学院研究生院/24
 中国科学院兰州化学物理研究所/25
 中国科学院福建物质结构研究所/26
 清华大学/27
 复旦大学/28

浙江大学/29
上海交通大学/30
南京大学/31
中山大学/32
中国科学技术大学/33
华中科技大学/34
中国人民大学/35
山东大学/36
北京师范大学/37
西安交通大学/38
香港科技大学/39
台湾大学/40
美国阿克伦大学/41
美国东斯特劳斯堡大学/42
美国特洛伊大学/44
俄罗斯南联邦大学/45
日本大正大学/46
韩国釜庆大学/47
韩国庆熙大学/48

贺词篇

郭柏灵/50
沈倍奋/51
王占国/52
王陇德/53
汪顺亭/54
侯云德/55
薛群基/56
谢友柏/57
都有为/58
邹广田/59
文兰/60
董石麟/61
李宁/62
山仑/63
孙钧/64

朱晓东/65
葛均波/66
韩济生/67
林长寿/68
杨亦松/69
陈有海/70
Dr. Krontiris(美国)/71

讲话篇
在河南大学建校100周年庆祝大会上的讲话　蒋树声/74
在河南大学建校100周年庆祝大会上的讲话　顾海良/75
在河南大学建校100周年庆祝大会上的致辞　郭庚茂/77
在河南大学建校100周年庆祝大会上的致辞　娄源功/79
在河南大学百年校庆庆典大会上的讲话　李晓红/82
在河南大学建校100周年庆祝大会上的致辞　尼尔金/84
在河南大学建校100周年庆祝大会上的致辞　金·亚历山大/85
在河南大学建校100周年庆祝大会上的致辞　乔治·帕帕斯/86
在河南大学建校100周年庆祝大会上的发言　刘刚军/87
河南大学百年校庆庆祝大会致辞稿　管守严/89
在河南大学建校100周年庆祝大会上的发言　席来旺/90
在河南大学百年校庆上的发言　王立群/91
在庆祝河南大学建校100周年大会上的发言　王　振/92

报道篇
庆祝河南大学建校100周年大会隆重举行　郭　文/94
河南大学建校100周年庆典晚会隆重举行　史周宾　苗　楠　侯金林
　王振国/99
IAUP暨AUAP高等教育国际化论坛隆重举行　杨利娟　宋新亚
　葛俊杉/102
河南大学化工产业协同创新联盟成立仪式举行　万合利　王振国/105
河南大学"隆重、务实、节俭、有序"庆百年华诞　郭久辉/107
河南大学庆祝建校百年　刘先琴　常　钦/109
河南大学庆祝建校100周年　陈　强/110
河南大学喜迎百年校庆　潘志贤　姚亚楠/111
河南大学迎百年华诞　温家宝题词　张清俐/112

河南大学建校一百周年庆祝大会隆重举行　平　萍　张建新　童浩麟
　　惠　婷/113
"河大精神激励我们永不停步"　惠　婷　张建新　童浩麟/116
河南大学举行建校100周年庆祝大会　杨晓谜/117
各方共襄　创建国内一流大学　王曦辉　杜　超　周　斌　王　灿
　　赵龙翱　邱萍萍/120
站在百年河大树梢上　王曦辉　杜　超　周　斌　王　灿　赵龙翱
　　李梦龙/122
漂洋过海来庆你百岁华诞　我的河大　赵　媛　刘长征/129
河南大学　生日快乐　吴　静/132
河南大学庆祝建校100周年　王　红/134
走过一个世纪　河大迎来百年华诞　张竞映/136
河南大学建校100周年庆祝大会举行　卢浩然/140
情系河大　共庆百年　汴　平/144
猗欤吾校永无疆　王红利　袁丹丹/145
河南大学建校100周年庆祝大会举行　卢浩然/146
喊出百年的声音　吕树建/148

辞赋篇

河南大学赋　张大新/150
河南大学赋　张生汉/152
河南大学赋　王国钦/154
河南大学赋　孟宪明/156
百年河大赋　张清平/157
百年河大赋　陈立长/159
百年河大赋　刘　硕/161

附录

校庆标语、对联/164
河南大学百年校庆网媒专题/167

后记/174

题　词　篇

2012年9月,中共中央政治局常委、国务院总理温家宝为河南大学建校100周年题词。

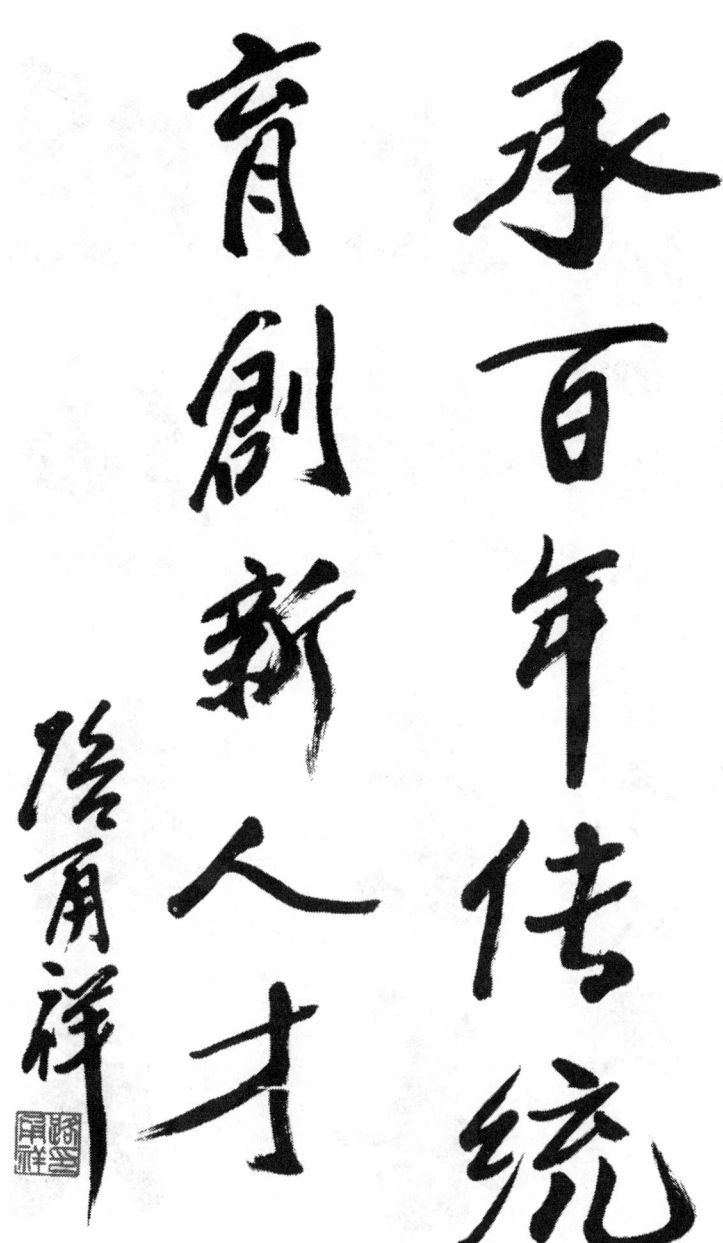

2012年9月,全国人大常委会副委员长路甬祥为河南大学建校100周年题词。

2012年9月,全国人大常会副委员长、九三学社中央主席韩启德为河南大学建校100周年题词。

题词篇

贺河南大学建校百年为高教发展不懈奋斗

二〇一二年九月十日 梁光烈

2012年9月,中央军委委员、国务委员兼国防部长梁光烈上将为河南大学建校100周年题词。

植根中原文化高地
培育当代建设人才

祝贺河南大学建校百年

陈奎元

二〇一二年九月

2012年9月,全国政协副主席陈奎元为河南大学建校100周年题词。

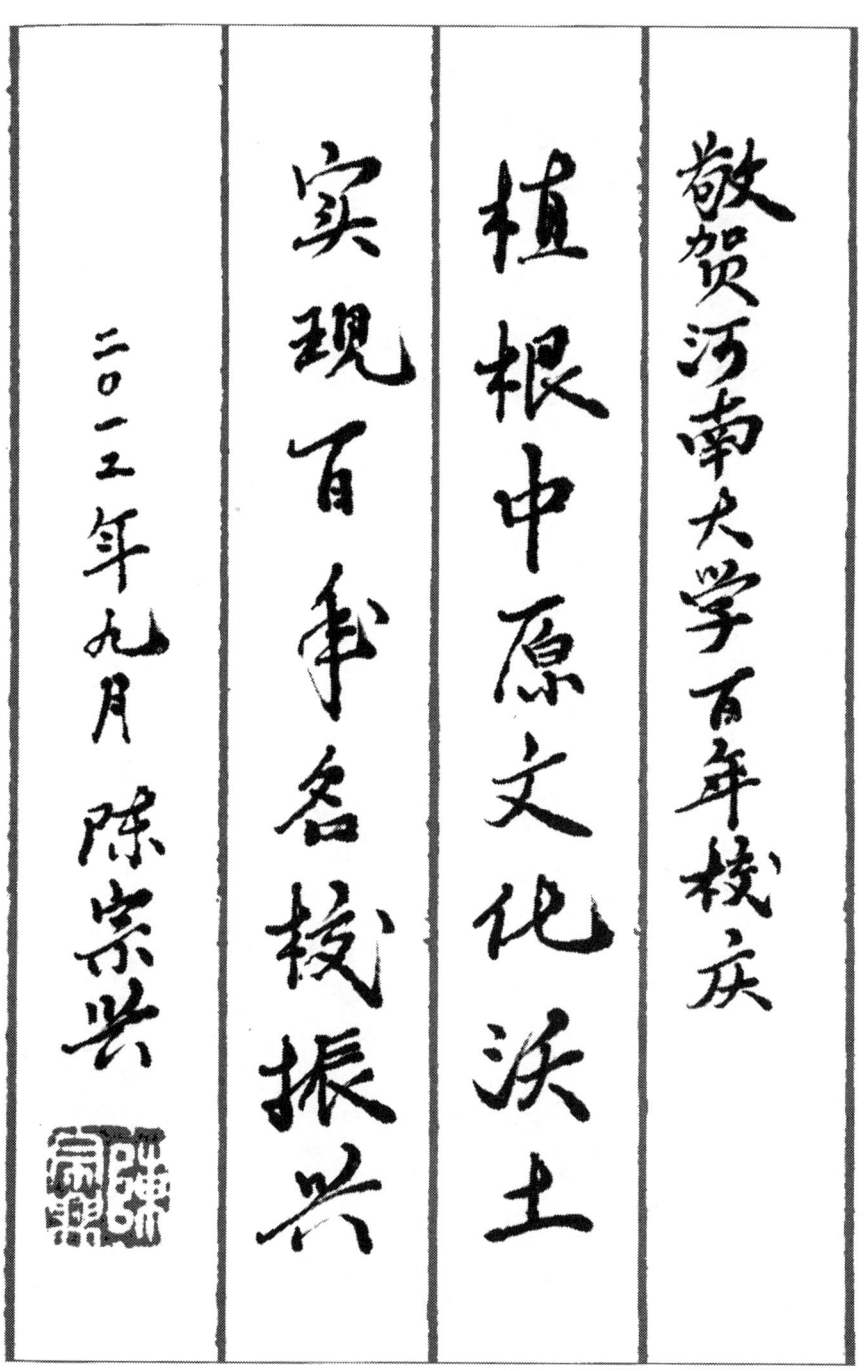

2012年9月,全国政协副主席陈宗兴为河南大学建校100周年题词。

贺信篇

贺　信

河南大学：

　　值此你校建校100周年之际，特向全校师生员工和广大校友致以热烈的祝贺和诚挚的问候！

　　在长达一个世纪的办学历程中，你校植根中原文化沃土，始终秉持"明德新民，止于至善"的校训精神，不断改善办学条件，提高教育质量，发展成为中原地区人才培养的重要基地。改革开放以来特别是近年来，你校认真贯彻党的教育方针，坚持社会主义办学方向，紧紧围绕创建国内一流大学的发展目标，不断深化改革，加

2012年9月，中共中央政治局常委、全国政协主席贾庆林为河南大学建校100周年发来贺信。

快发展，办学规模不断扩大，办学实力不断增强，各项事业蓬勃发展，为区域经济社会发展作出了积极贡献。

高等学校是实施科教兴国战略和人才强国战略的重要阵地。希望你校以建校100周年为契机，认真贯彻落实科学发展观，紧紧抓住我国高等教育快速发展的良好机遇，坚持内涵发展，突出办学特色，不断增强办学实力、提升办学水平，培养更多优秀人才，为服务河南省加快建设中原经济区，为实施科教兴国战略和人才强国战略作出新的更大贡献。

贾庆林

2012年9月13日

贺　信

值此河南大学建校 100 周年之际，谨向全体师生员工和海内外校友表示热烈的祝贺！

作为百年老校，河南大学深深植根中原文化沃土，秉承"明德、新民、止于至善"的校训，发扬自强不息、百折不挠的精神，加强基础建设，实施重点突破，在人才培养、科学研究、社会服务、文化创新等方面，取得了显著成绩，涌现了一批享誉国内外的名师大家，培养了一大批各行各业的优秀人才，为国家经济建设、社会发展、科技进步、文化繁荣作出了重要贡献。在河南工作八年间和离开河南之后，我曾多次到河南大学考察调研，每次都对河南大学的办学业绩和崭新风貌感到欢欣鼓舞。

高等教育是实施科教兴国战略和人才强国战略的重要阵地。希望河南大学深入贯彻落实科学发展观，全面落实国家中长期教育改革和发展规划纲要，紧紧围绕经济社会发展对人才的新需求，坚持育人为本、德育为先、教学为要、科研为基，继续深化教学改革，

2012 年 9 月，中共中央政治局常委李长春为河南大学建校 100 周年发来贺信。

全面提升办学质量,不断增强办学实力,加快建设国内一流大学,努力培养更多中国特色社会主义事业的合格建设者和可靠接班人,为中原经济区建设,为全面建设小康社会、加快推进社会主义现代化作出新的更大贡献。

2012 年 9 月 13 日

中华人民共和国国务院办公厅

值此河南大学百年校庆之际,谨向全校师生员工和广大海内外校友,致以热烈的祝贺和诚挚的问候!

建校百年来,河南大学秉持明德、新民、止于至善的校训,培养了众多各领域的优秀人才,在促进教育文化进步、服务国家建设等方面发挥了重要作用。人才乃发展之根本,教育是培养人才、促进人的全面发展的根本途径。希望河南大学按照"面向现代化、面向世界、面向未来"的要求,继续发扬自强不息、追求卓越的办学精神,坚持育人为本,推动改革创新,不断提高教育质量和科研水平,努力创建国内一流大学,为奋力实现中原崛起、建设创新型国家、推动实现中华民族伟大复兴做出新的贡献!

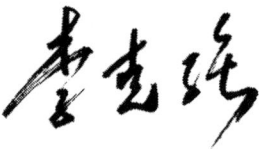

2012 年 8 月 31 日

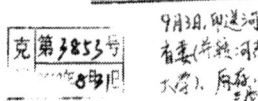 

2012 年 8 月,中共中央政治局常委、国务院副总理李克强为河南大学建校 100 周年发来贺信。

致河南大学建校 100 周年的贺信

欣闻河南大学建校 100 周年,谨表示热烈祝贺,并向全体师生员工致以亲切的问候!

河南大学是我国近代创办较早的高校学府之一,在一个世纪的发展历程中,秉持"明德新民,止于至善"校训,发扬"团结、勤奋、严谨、朴实"校风,与国家民族共命运,自强不息、开拓奋进,在人才培养、学科建设、科学研究、社会服务等方面取得显著成绩,为我国高等教育事业繁荣发展做出重要贡献。

希望河南大学以建校 100 周年为新起点,以邓小平理论、"三个代表"重要思想为指导,深入落实科学发展观,贯彻党的教育方针,发扬优良办学传统,把握新的发展机遇,在改革创新中进一步办出特色、办出风格,着眼创建国内一流大学,全面提升教学科研水平,不断提高学校核心竞争力,以新的优异成绩,更好地服务中原经济区建设、促进社会主义现代化事业。

2012 年 9 月 10 日

2012 中共中央政治中委员、中央书记处书记、中央宣传部部长刘云山为河南大学建校 100 周年发来贺信。

中华人民共和国国务院
贺　信

河南大学：

欣闻你校迎来100周年校庆，谨向全校师生员工和广大校友致以热烈祝贺和诚挚问候！

在100年的发展历程中，河南大学始终秉承"明德新民，止于至善"的校训精神，扎根中原，艰苦创业，为国家培养了大批优秀的专门人才。新中国成立后特别是改革开放以来，学校认真贯彻党的教育方针，坚持社会主义办学方向，紧紧抓住国家实施科教兴国战略和人才强国战略的大好机遇，深化各项改革，不断优化教育资源配置，办学水平和综合实力显著增强，为国家和区域经济社会发展作出了积极贡献。

希望你校以建校100周年为新的起点，高举中国特色社会主义伟大旗帜，以邓小平理论和"三个代表"重要思想为指导，深入贯彻落实科学发展观，认真学习胡锦涛总书记在清华大学百年校庆大会上的重要讲话精神，全面落实教育规划纲要，弘扬优良传统，突出办学特色，积极探索创新，不断提高教育教学质量，努力把河南大学建设成为我国中部地区高素质人才培养、高水平科学研究、高质量社会服务和中华文化传承创新的

2012年9月，中共中央政治局委员、国务委员刘延东为河南大学建校100周年发来贺信。

中华人民共和国国务院

重要基地,为建设创新型国家和人力资源强国,为全面建设小康社会和中华民族伟大复兴作出新的更大贡献。

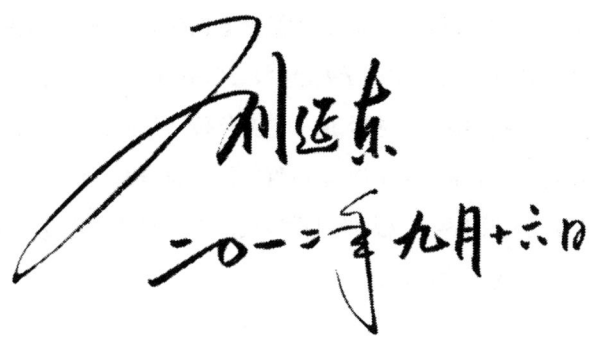

中共中央军委办公厅

致河南大学建校 100 周年的贺信

在河南大学隆重举行建校 100 周年庆典之际，我谨向母校全体师生致以热烈的祝贺和诚挚的问候！

作为我国创建最早的高等学府之一，100 年来，河南大学始终植根中原文化沃土，打造人才培养和聚集的高地，形成了优良的学风和办学传统，培养了大批优秀人才，为国家做出了重要贡献。近年来，河南大学紧紧抓住人才强国战略的重大机遇，认真贯彻落实科学发展观，开拓进取，加快发展，在人才培养、科学研究、社会服务、文化传承与创新等方面，取得了显著成就。希望河南大学以百年校庆为契机，认真总结办学经验，加快国内一流大学建设步伐，为国家经济建设和社会发展做出新的更大贡献。

中央军委委员、国务委员兼国防部长

梁光烈 上将

二〇一二年九月十日

2012 年 9 月，我校著名校友、中央军委委员、国务委员兼国防部长梁光烈为河南大学建校 100 周年发来贺信。

中国人民政治协商会议全国委员会
贺　信

河南大学：

　　在你校全体师生和广大校友共庆建校100周年之际，特向你们表示热烈祝贺！

　　河南大学是一所有着悠久办学历史和优良办学传统的高校，建校100年来，始终植根中原文化沃土，努力践行高等教育使命，培养了众多优秀人才，为国家和地方经济社会发展作出了重要贡献。近年来，河南大学坚持深化改革、加快发展，各项事业在原有基础上取得了新的成就，为实现建设国内一流大学的奋斗目标奠定了坚实基础。

　　在我国发展进入新的历史阶段、国家实施科教兴国战略和人才强国战略的新形势下，希望河南大学认真贯彻落实科学发展观，自觉遵循高等教育规律，进一步提高教育质量和人才培养质量，不断提升办学实力和服务经济社会发展的能力，为全面建设小康社会、不断推进中国特色社会主义现代化建设作出新的更大的贡献！

陈宗兴

二〇一二年九月十二日

2012年9月，全国政协副主席陈宗兴为河南大学建校100周年发来贺信。

中国共产党中央军事委员会

贺　　信

河南大学：

　　在全党和全国各族人民满怀信心迎接党的十八大胜利召开之际，欣闻贵校即将迎来建校100周年，特向全校师生和广大校友表示热烈的祝贺！

　　河南大学建校以来，走过了极不平凡的发展道路，始终秉持"明德，新民，止于至善"的校训，自强不息，百折不挠，取得了显著成就。学校还积极与军队开展合作，培养人民武装干部和国防生，为国防和军队建设提供了重要的人才支持。2004年11月，我曾考察过河南大学，学校丰厚的文化底蕴和辉煌的历史成就，给我留下了极为深刻的印象。

　　近年来，河南大学不断加快建设步伐，办学水平不断提高，办学实力显著增强，创建国内一流大学、实现百年名校振兴的基础更加稳固。百年大计

2012年9月，原中共中央政治局委员、国务委员兼国防部长迟浩田为河南大学建校100周年发来贺信。

教育为本；国运兴衰，系于教育。河南大学作为全国名校、全省最高学府，承载着中原建设发展的美好未来。希望河南大学坚持以科学发展观为指导，全面贯彻党的教育方针，继续发扬优良传统，深化改革，开拓创新，努力为我国的经济社会发展和国防建设做出新的更大的贡献！

衷心祝愿河南大学的明天更加美好！

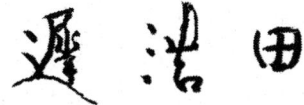

二〇一二年九月十二日

中华人民共和国教育部

贺 信

河南大学：

值此你校建校100周年之际，谨向全校师生员工和广大校友致以热烈的祝贺和诚挚的问候！

建校100年来，你校始终秉承"明德新民，止于至善"的校训精神，艰苦奋斗，开拓进取，形成了优良的校风学风。新中国成立后特别是改革开放以来，你校认真贯彻党的教育方针，坚持社会主义办学方向，积极推进教育教学改革，办学条件显著改善，办学实力明显增强，在人才培养、科学研究、社会服务和文化传承和创新等方面取得了可喜的成绩，为区域经济社会发展作出了重要贡献。

希望你们深入贯彻落实科学发展观，认真学习贯彻胡锦涛总书记在庆祝清华大学建校100周年大会上的重要讲话精神，全面落实教育规划纲要，坚持内涵发展，突出办学特色，创新人才培养模式，不断提高教育教学质量和办学水平，为服务河南省加快建设中原经济区，为实施科教兴国战略和人才强国战略作出新的更大的贡献！

2012年9月12日

中国社会科学院

贺 信

河南大学：

　　值此建校一百周年庆典，我代表中国社会科学院谨向贵校致以最热烈的祝贺，并向全体师生员工和参加校庆的历届校友致以亲切的问候！

　　一百年来，河南大学始终以人民和时代重托为己任，坚持贯彻党的教育方针，在几代河南大学人的辛勤耕耘下，培养和造就了数以万计的优秀人才。今天的河南大学桃李竞芬芳，学子领风流。百年华诞所展示的河南大学优秀业绩，将成为学校建设和发展承前启后、继往开来的里程碑和开拓创新、再创辉煌的新起点。

　　在河南大学百年华诞之际，预祝校庆活动圆满成功！祝愿河南大学在新世纪新阶段宏图更展！再谱华章！

李慎明
中国社会科学院党组副书记、副院长
2012年9月7日

贺　信

河南大学：

  欣闻贵校喜迎建校100周年华诞，特此去函向贵校领导、全体师生员工和海内外校友致以最热烈的祝贺和诚挚的问候！

  贵校迎20世纪曙光、终千年科举遗毒，自成立之日始终秉承"明德新民、止于至善"的校训，并逐步形成"团结、勤奋、优良、朴实"的优良校风和前瞻开放、海纳百川、团结勤奋、严谨朴实的办学精神。一百年来，贵校熔中原文明之历史精粹，铸民族进步之时代俊杰，培养出了一大批社会名家、兴业英才和治国栋梁，为我国的人才培养事业做出了卓越贡献。改革开放后，贵校更是乘社会主义之发展新风，抢抓历史机遇，将学校的建设和发展纳入中部崛起战略框架，在办学层次、教育质量、学术水平、发展规模和对外开放等方面取得了历史性突破，已成长为一所拥有文、史、哲、经、管、法、理、工、医、农、教育、艺术等12个学科门类的综合性大学，实现了跨越式发展。

  我院与贵校在发展建设过程中建立起了良好的学术交流和研究合作关系，并积淀了深厚的友谊。值此贵校建校100周年之际，衷心祝愿贵校"百岁迎新，更进一步"，希望贵校以校庆促改革，以改革谋发展，朝着建设国内一流、国际高水平大学的方向努力奋进，为中部崛起，为新形势下我国的经济文化建设和民族复兴再立新功！也希望今后贵我双方以百年校庆为契机，继续加强合作，共同携手前进！

中国社会科学院研究生院
2012年9月19日

中国科学院兰州化学物理研究所

贺 信

河南大学：

　　值此河南大学百年华诞之际，中国科学院兰州化学物理研究所全体同仁向贵校全体师生员工表示热烈的祝贺！

　　河南大学作为省属重点综合性大学，建校一个世纪以来，始终秉承"明德新政，止于至善"的校训，弘扬"团结、勤奋、严谨、朴实"的优良学风，立足河南、面向全国、走向世界，取得了丰硕的教学与科研成果，为国家培养造就了一大批优秀的高素质人才，为推动社会发展、科技进步、经济建设和教育振兴做出了重要贡献。面对新的起点、新的机遇，相信贵校将在继承优秀历史传统的基础上，实现新的跨越式发展，不断创造新的辉煌！

　　多年来，河南大学与兰州化物所在科学研究、学术交流和人才培养等方面建立了良好的合作关系，相互交流、相互促进，共同致力于我国的科学研究与高等教育事业。诚望今后贵校和我所能够进一步加强合作，共同努力探索人才培养与科学研究合作的新机制与新方式，为国家科学教育事业的发展做出突出成绩，为推动创新型国家建设做出更大贡献。

　　预祝贵校百年校庆庆典活动圆满成功！

中国科学院兰州化学物理研究所

所长：刘维民　党委书记：张秀荣

二〇一二年九月十八日

贺 信

河南大学：

　　百年华诞，青史流芳！值此河南大学百年校庆之际，谨致以最热烈的祝贺，并向为学校建设和发展呕心沥血、无私奉献的全校师生员工表示亲切的问候！

　　百年沧桑岁月，百年风雨历程。河南大学在范文澜、冯友兰、嵇文甫等一代代河大人的共同努力和精心铸造下，严守"明德新民，止于至善"的校训，自强不息、百折不挠，用青春与智慧，谱写了河南大学发展史上光荣与辉煌的篇章，在推动社会发展、科技进步、经济建设和教育振兴的过程中做出重大贡献。

　　百年来，河南大学不断加强学科建设、培养与引进高层次人才和扩大招生、新校区建设等，在提高办学层次、教育质量、学术水平和扩大发展规模、办学空间、对外开放等方面都实现了跨越式发展，已经成为一所拥有文、史、哲、经、管、法、理、工、医、农、教育、艺术等12个学科门类的综合性大学，培养造就了一大批杰出人才，学校呈现出勃勃的生机，朝着创办国内一流、国际上有一定影响的综合性、研究型、国际化高水平大学的目标不断迈进！

　　河南大学同我所在多年的交往中，真挚合作，彼此信任，愿双方之间进一步加强交流合作，携手并肩，共同为我国科研教育事业的进步再谱华章。衷心祝愿河南大学事业不断发展、再铸新辉煌！再次感谢你们长期来对我所的关心、支持和帮助！

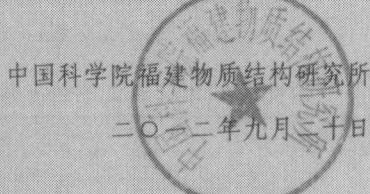

中国科学院福建物质结构研究所

二〇一二年九月二十日

清华大学

贺　　信

河南大学：

　　值此河南大学建校100周年庆典之际，谨向贵校全体师生员工致以热烈的祝贺和崇高的敬意！

　　河南大学具有悠久的办学历史和优良的办学传统，历经几代人的艰苦奋斗，学校已建设成为一所拥有12个学科门类、87个本科专业的综合性大学，为国家培养了一大批基础扎实，具有创新意识、实践能力和创新精神的高层次人才，为国家经济社会发展做出了重要贡献。

　　衷心祝愿贵校今后各项事业蓬勃发展，早日建设成为国内一流大学。清华大学愿与贵校进一步加强联系，共创辉煌，为我国的高等教育事业做出更大贡献。

　　祝贵校庆典活动圆满成功！

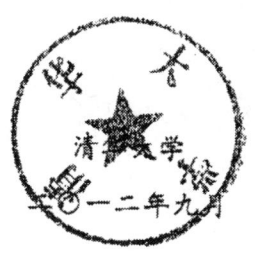

复旦大学

贺　信

河南大学：

　　欣闻贵校即将迎来建校 100 周年庆典。特致贺函表示热烈祝贺！

　　一百年辛勤耕耘，一百载春华秋实。作为一所历史悠久、基础深厚的省部共建综合性大学，建校百年来，河南大学严守"明德新民，止于至善"的校训，秉承"团结、勤奋、严谨、朴实"的校风，发扬"前瞻开放、兼容并包"的河大精神，团结一致，开拓进取，在教学、科研等方面都取得了显著成绩，为祖国培养了大批优秀人才，为国家的经济发展和地区建设作出了重要贡献。

　　在百年华诞来临之际，我们衷心祝愿贵校弘扬传统，发挥优势，在今后的发展中取得更大的成就，创造新的辉煌！预祝校庆活动圆满成功！

二〇一二年九月十二日

浙 江 大 学

贺 信

河南大学：

欣闻贵校即将迎来100华诞，谨致以最热烈的祝贺！

百年名校历尽沧桑，继往开来续写辉煌！建校100年来，贵校严守"明德新民，止于至善"的校训，自强不息，艰苦奋斗，与时俱进，开拓创新，现已发展成为一所省部共建的多学科综合性大学，为社会培养了一大批高级专门人才，为国家和地方经济社会发展做出了重要贡献！

值此校庆之际，衷心祝愿贵校在今后发展中取得更大的成绩，早日实现"国内一流、国际上有一定影响的综合性、研究型、国际化高水平大学"的办学目标，同时也希望贵我两校加强交流与合作，为我国的高等教育事业发展做出更大贡献！

预祝贵校百年校庆庆典活动取得圆满成功！

二〇一二年九月十一日

百年盛典

上海交通大学

贺　信

河南大学：

　　欣闻贵校建校100周年，上海交通大学谨向贵校全体教职员工致以热烈的祝贺和诚挚的祝福！

　　一百年前，河南大学的前身——河南留学欧美预备学校在七朝文化古都开封诞生，当时与上海交通大学的前身南洋公学并列为中国的三大留学培训基地之一。一百年来，河南大学严守"明德新民，止于至善"的校训，逐渐形成了"团结、勤奋、严谨、朴实"的优良校风和"前瞻开放、兼容并包"的河大精神，成为一所拥有文、史、哲、经、管、法、理、工、医、农、教育、艺术等12个学科门类的综合性大学，为区域发展、民族振兴和社会进步作出了重要贡献。

　　衷心祝愿贵校以建校100周年为契机，弘扬传统，科学发展，再铸辉煌，早日建设全国一流的研究型大学！真诚希望贵校与我校进一步加强交流，团结合作，共同为国家和谐进步和现代化建设做出新的更大的贡献！

二〇一二年九月

贺信篇

贺　　信

河南大学：

　　值此贵校建校一百周年之际，谨向贵校全体师生员工致以热烈的祝贺和诚挚的问候！

　　作为一所历史悠久的综合性大学，贵校在一百年的办学历程中，秉承"明德新民，止于至善"的校训，在一代代学人的精心铸造下，逐渐形成了"团结、勤奋、严谨、朴实"的优良校风和前瞻开放、面向世界，坚持真理、追求进步，百折不挠、自强不息，兼容并包、海纳百川，不事浮华、严谨朴实的河大精神，在推动社会发展、科技进步、经济建设和教育振兴的过程中做出了突出的贡献！

　　百年学府，巍巍煌煌，大学之道，薪火激荡。回顾历史，展望未来，衷心祝愿河南大学以此次校庆为契机，与时俱进，开拓创新，创造更加辉煌的明天！

　　祝贵校建校一百周年庆典活动圆满成功！

二〇一二年九月五日

中 山 大 学

贺 函

河南大学:

欣悉贵校喜迎百年校庆之禧,在此谨向贵校致以衷心的祝贺!

贵校自创建以来,历经耕耘,成就卓著,人才辈出,令人钦佩。

贵校秉承"明德新民,止于至善"的校训,严守"团结、勤奋、严谨、朴实"的优良校风,为国家培养了大量英才。藉此校庆之际,谨祝愿贵校秉承优良传统,不断追求卓越,并祈贵我双方继续携手,不懈努力,共同进步。

专函奉达,并颂

校务昌隆!

二〇一二年九月十四日

中国科学技术大学
University of Science and Technology of China

地址：中国 安徽 合肥市金寨路96号　邮编：230026
电话：0551-3602184　传真：0551-3631760　Http://www.ustc.edu.cn

贺　信

河南大学：

值此河南大学百年华诞之际，谨向贵校全体师生员工表示热烈的祝贺！

作为河南省人民政府和教育部共建的一所综合性大学，河南大学在长达一个世纪的办学历程中，虽数易其名，几度变迁，仍秉承"明德新民、止于至善"的校训精神，不断开拓创新，在人才培养、科学研究、服务社会和文化传承创新等方面均取得显著成绩，为国家和地方经济建设与社会发展做出了重要的贡献。我们相信，在贵校师生员工的共同努力下，贵校一定能早日实现"建设高水平大学、实现百年名校振兴"的奋斗目标！

贵我两校长期以来建立了良好的合作关系，希望今后双方进一步加强交流与合作，优势互补，共同发展，为国家的科教事业发展和地方经济建设做出更大的贡献！

预祝河南大学建校100周年庆典取得圆满成功！

中国科学技术大学
二〇一二年九月　日

华中科技大学

贺 信

河南大学：

欣闻河南大学百年华诞，特向贵校全体师生员工和海内外校友致以热烈祝贺和崇高的敬意！

河南大学历史悠久，贵校秉承"明德新民，止于至善"的校训精神，历经百年的建设与发展，已经发展成为学科门类齐全的综合性大学，培养了一大批优秀人才，为中华文明传承和经济社会发展做出了自己的贡献。

值此贵校百年华诞大庆之际，我们愿与贵校师生同享喜庆。衷心祝愿贵校乘势而上、再创佳绩，早日实现建成国内一流大学的奋斗目标。

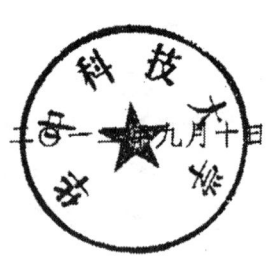

二〇一二年九月十日

贺 信

河南大学：

　　欣悉贵校建校一百周年庆典将于近日隆重举行，这是贵校发展史上的一个重要里程碑，也是中国教育界的一件盛事。值此之际，我校谨向贵校全体师生员工及海内外校友致以热烈的祝贺和诚挚的问候！

　　百载栉风沐雨，百年春华秋实。回眸百年风雨征途，在一代又一代河大人的薪火相传下，贵校始终持守"明德新民，止于至善"的校训，弘扬"前瞻开放、兼容并包"的精神，发展成为一所拥有87个高水平本科专业的综合性大学，培养了大批优秀人才，为中华文明传承、经济社会发展和高等教育振兴做出了卓越贡献。

　　弦歌不辍，辉煌续铸。我们深信，贵校一定会以百年校庆为契机，以厚重的百年底蕴为依托，锐意进取，奋力拼搏，早日实现创建国内一流大学的目标，继续为我国现代化建设贡献力量。

　　在长期的办学实践中，贵我两校始终相互砥砺，共同发展。在新的历史进程中，衷心期望双方加强合作，携手奋进，为我国高等教育事业的发展作出更大的贡献！

　　预祝贵校百年华诞庆典圆满成功！

山 东 大 学

贺　　信

河南大学：

　　值此贵校喜迎百年校庆之际，谨向贵校全体师生员工及海内外校友致以诚挚的问候和热烈的祝贺！

　　一百年的风雨兼程，一百年的薪火相传。在长期的办学历史中，贵校秉承"明德新民，止于至善"的校训，艰苦创业，奋发有为，形成了优良的校风传统，培养了一大批蜚声中外的社会名家。新中国成立后特别是改革开放以来，贵校步入了快速发展时期，通过推进教学改革、加强学科建设和优化资源配置等，在提升办学层次、教育质量和发展规模等方面都实现了跨越式发展，取得了历史性突破，为推动中原乃至全国社会发展、科技进步和经济建设作出了积极的贡献。

　　作为同样具有厚重历史的高校，愿贵我两校加强交流与合作，携手并进，共同致力于我国高等教育事业的发展，创造新的辉煌！衷心祝愿贵校以百年校庆为契机，进一步深化改革，扬帆远航，早日建成国内一流、国际上有一定影响的综合性、研究型、国际化高水平大学！

　　衷心祝愿庆典活动取得圆满成功！

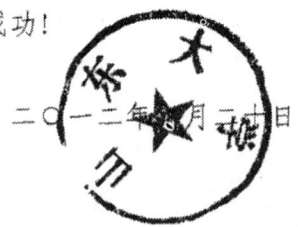

二〇一二年八月二十日

北京师范大学

贺　信

河南大学：

　　值此河南大学建校100周年之际，我们谨向贵校全体师生致以热烈的祝贺，并祝贵校建校100周年庆典圆满成功！

　　河南大学历史悠久，硕果芳华。建校以来，学校秉承"明德新民，止于至善"的校训，薪火相传，踔厉奋发，名师荟萃，英才辈出，为国家培养输送了40余万优秀毕业生，为河南省乃至全国的教育事业做出了卓越贡献。一百年的沧桑岁月形成了河南大学海纳百川、开放融合的办学气度，一百年的厚积薄发形成了河南大学百花齐放、各显风流的教研格局，进入新的历史时期，河南大学明确提出了要在2020年实现创建国内一流大学的奋斗目标，各项事业呈现出了欣欣向荣的发展局面。

　　我们相信，河南大学一定会以建校100周年庆典为契机，弘扬河大精神，凝练河大文化，以更宽广的视野谋篇布局、更扎实的行动继往开来，为祖国教育事业和国家经济社会的发展做出更大的贡献！

　　长期以来，河南大学和北京师范大学互通往来，互相学习，互相借鉴，形成了深厚的友谊。我们相信，在未来的岁月里，我们会一如继往，更加密切合作，为我国的教育事业做出更大的贡献。

　　斗转星移，风华依旧；吉日盛典，群贤毕至。再次对贵校建校100周年致以诚挚的祝贺！

贺 信

河南大学：

欣闻贵校即将迎来百年华诞，我校谨向贵校全体师生和校友表示热烈的祝贺和诚挚的问候！

百年名校，历史传承。自建校以来，贵校始终秉承"明德新民，止于至善"的校训，发扬"团结、勤奋、严谨、朴实"的优良校风，锐意进取，开拓创新，在人才培养、科学研究、社会服务、文化传承等方面实现了跨越式发展，为国家和地方经济社会发展做出了重要贡献。

面对新的历史机遇期，衷心祝愿贵校把握契机，再铸辉煌，早日实现学校的奋斗目标！

贵我两校都拥有悠久的历史文化传统，诚愿两校在今后的发展中，扩大交流，携手共进，共同为我国教育事业的发展做出更大贡献！

预祝贵校百年庆典活动圆满成功！

二○一二年九月十九日

副校長(行政)辦公室
OFFICE OF THE VICE-PRESIDENT FOR ADMINISTRATION AND BUSINESS

河南大学
娄源功校长

娄校长台鉴：

　　欣闻河南大学的龙子湖校园即将进行奠基典礼，适逢 贵校创校一百周年，我谨代表香港科技大学，恭祝 贵校兴隆昌盛，继往开来，培养更多的学术科研人才，开创更辉煌的未来。

　　建校百年以来， 贵校一直秉承"明德新民，止于至善"的精神，已发展成一所具规模的综合型大学，人才辈出，实力雄厚。近年更积极开拓和海外院校的学术交流和科研合作，对国家的教育事业发展、人才培养及科研水平的提升，作出不少贡献。龙子湖校园的建设，更為 贵校迈向国际化的发展，标志新的一页。

　　在未来的日子，希望贵我两校有更多的学术和科研的交流，优势互补，为国家的发展一同努力。衷心祝愿 贵校全体师生百尺杆头，更进一步。

　　专此函贺，顺颂教祺！

香港科技大学副校长
全国人大代表

黄玉山
谨具
二零一二年九月一日

Celebrating 20th Anniversary

香港九龍清水灣 Clear Water Bay, Kowloon, Hong Kong　電話Tel:(852) 2358 6151　傳真Fax:(852) 2358 0285

2012年9月，香港科技大学为河南大学建校100周年发来贺信。

百年盛典

NATIONAL
TAIWAN
UNIVERSITY
OFFICE
OF
THE
PRESIDENT

河南大學
婁校長源功吾兄道鑒：

　　欣悉　貴校迎來百年華誕，本人謹此代表臺灣大學，向全體人員致以最誠摯及熱烈的祝賀！

　　河南大學承繼百年優良傳統，自草創之初，便謹守勤奮嚴謹的治學方針，秉持開拓創新的研究精神，為杏壇締造卓越佳績。貴校地處華人歷史文化薈萃之地，作育海內外無數英才；本校第六任校長閻振興教授亦曾任　貴校工學院院長，為臺灣及本校奠定厚實的高等教育基礎，影響深遠。

　　欣逢百年華誕歡欣之際，在此預祝校慶活動圓滿成功，並願貴校校務蒸蒸日上，持續發揚大學文化的內涵，邁向下一個百年輝煌！

　　耑此　順頌
　　時祺

臺灣大學校長

謹上
二〇一二年九月五日

1, Section 4, Roosevelt Road, Taipei, Taiwan, ROC 106.　Tel: 886-2-2362-4090　Fax: 886-2-2362-1877　E-mail: selee@cc.ee.ntu.edu.tw

2012年9月，台湾大学为河南大学建校100周年发来贺信。

THE UNIVERSITY OF AKRON

LUIS M. PROENZA
PRESIDENT

November 14, 2011

Chancellor Guan
Henan University
Kaifang, China

Thank you, Chancellor Guan . . .

. . . for your gracious invitation to attend Henan University's Centennial Anniversary celebration. I am very honored to be asked to join you for this important milestone celebration and to join you for the University President's Forum. We value our long and positive history in educational exchange with Henan University and look forward to our continued cooperation. The University of Akron is pleased to send a delegation of three senior leaders to the Centennial Anniversary celebration.

It is with great regret that I must tell you that I will be unable to personally travel to China in September of 2012 because of the start of the academic year. However, Dr. William ("Mike") Sherman, Senior Vice President, Provost, and Chief Operating Officer is intending to attend this significant celebration on my behalf. Joining Dr. Sherman will be the Director of our Office of International Programs, and per your request, the Director of The University of Akron's and Henan University's Confucius Institute.

We are honored to forward to you an electronic version of The University of Akron's logo via separate email, for inclusion in your planned exhibition.

We look forward to receiving more information about Henan University's Centennial Anniversary celebration and to being part of the festivities.

With every good wish,

Sincerely,

BUCHTEL HALL 114 • AKRON, OH 44325-4702
330·972·7074 OFFICE • 330·972·8652 FAX • PROENZA@UAKRON.EDU
THE UNIVERSITY OF AKRON IS AN EQUAL EDUCATION AND EMPLOYMENT INSTITUTION

2011年11月,美国阿克伦大学为河南大学建校100周年发来贺信。

百年盛典

Office of the Provost

200 Prospect Street
East Stroudsburg PA
18301-2999

570-422-3539
570-422-3519 Fax

September 24, 2012

Dr. Chunpeng Song
Vice President for International Affairs
Henan University
China

Dear Dr. Song,

The community of scholars and students of East Stroudsburg University of Pennsylvania offers Henan University our sincerest congratulations on the one hundredth anniversary of its founding.

Please accept this letter as an expression of our enduring friendship and of our continuing interest in engaging in an academic partnership that will benefit our respective students.

At present, East Stroudsburg University has six Global Partner universities throughout Europe and Asia. I am proud to note that Henan University is our newest Global Partner. I also note that Henan University is the oldest and most traditional university of all of our Global Partners. It is an honor for us at East Stroudsburg University to have such a distinguished partner university.

Our university is located in the northeast corridor of the United States close to the two giant metropolitan areas of New York and Philadelphia. Despite being close to these large cities our campus is a serene place in the beautiful green hills of Pennsylvania and is a wonderful place for students to study and reflect. We are duly proud of our academic programs in Health Science, Arts and Sciences, Business Management, as well as teacher preparation and Education. I am happy to note that many students from Europe and Asia who study with us as exchange students for one semester later return as graduate students to study in one of our excellent Master Degree programs. I am proud that East Stroudsburg University plays an important part in the education of students from Europe and China. I am certain that students from Henan University will find East Stroudsburg University a friendly and fascinating learning environment.

I am so pleased that our two "old" universities have found a way to offer our respective

2012 年 9 月,美国东斯特劳斯堡大学为河南大学建校 100 周年发来贺信。

Dr. Chunpeng Song, Vice President for International Affairs
Henan University, China

P. 2

students an exciting educational experience that includes meaningful study in both America and China. As Henan University celebrates one hundred years we at East Stroudsburg University celebrate the first year of our new partnership with the very distinguished Henan University.

Congratulations to Henan University on one hundred years of higher education excellence.

Sincerely ,

Van Reidhead Ph.D.
Provost/Vice President for Academic Affairs

TROY UNIVERSITY

WHEREAS, HENAN UNIVERSITY WAS FOUNDED IN 1912 WITH A MISSION TO BECOME WORLD FAMOUS AS AN EDUCATION AND RESEARCH UNIVERSITY FOCUSING ON LIBERAL ARTS AND SCIENCES; AND

WHEREAS, HENAN UNIVERSITY IS A COMPREHENSIVE UNIVERSITY CONSISTING OF 26 SCHOOLS AND TEACHING DEPARTMENTS WITH 72 SPECIALTIES FOR UNDERGRADUATES; 171 SPECIALTIES OFFER MASTER'S DEGREES AND 16 OFFER PHD DEGREES; AND

WHEREAS, RECOGNIZING THE GREAT VALUE OF INTERNATIONAL COOPERATION THAT SINCE ITS FOUNDING HENAN UNIVERSITY HAS ESTABLISHED LONG-TERM TIES WITH UNIVERSITIES AND RESEARCH INSTITUTES AROUND THE WORLD; AND

WHEREAS, TROY UNIVERSITY HAS ENJOYED THE BENEFIT OF AN INTERNATIONAL COOPERATIVE PARTNERSHIP WITH HENAN UNIVERSITY; AND

WHEREAS, THAT PARTNERSHIP HAS DEMONSTRATED THE DEDICATION OF BOTH UNIVERSITIES LEADERS AND FACULTY TO NURTURE INTERNATIONAL COOPERATION IN EDUCATION AND RESEARCH; AND

WHEREAS, TROY UNIVERSITY HAS PARTICIPATED IN THE 1-2-1 PROGRAM WITH HENAN UNIVERSITY; AND

WHEREAS, THE ACCOMPLISHMENTS IN EDUCATION AND COOPERATIVE INTERNATIONAL RELATIONS ESTABLISH FIRMLY THAT HENAN UNIVERSITY HAS EXPERIENCED EXTRAORDINARY ACCOMPLISHMENTS IN ONLY SIXTY YEARS.

THEREFORE, BE IT RESOLVED THAT DR. JACK HAWKINS, JR., CHANCELLOR, TROY UNIVERSITY, EXTENDS GREETINGS AND CONGRATULATION OF THE HIGHEST ORDER TO THE CHANCELLOR, PRESIDENT, FACULTY AND STUDENTS OF HENAN UNIVERSITY ON THE COMMEMORATION OF THEIR FIRST SIXTY YEARS OF SERVICE AND PLEDGES TO CONTINUE THE COOPERATIVE RELATIONSHIP WHICH HAS CHARACTERIZED OUR PARTNERSHIP.

GIVEN UNDER THE AUTHORITY OF TROY UNIVERSITY
ON THE SEVENTH DAY OF MAY, 2012

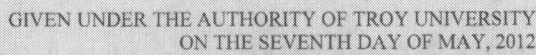

JACK HAWKINS, JR., PH.D.
CHANCELLOR

2012年5月,美国特洛伊大学为河南大学建校100周年发来贺信。

Dear Colleagues,

On behalf of the staff of Southern Federal University in Rostov-on-Don, Russia allow us to congratulate and offer our best wishes on the 100 anniversary of Henan University.

We want to wish you many years of success and express the hope that our business relationship will continue to develop in pleasant and trusting manner to serve for the benefit of our universities.

With kind regards.

Marina A. Borovskaya
Rector

Rostov-on-Don, September 14, 2012

2012年9月,俄罗斯南联邦大学为河南大学建校100周年发来贺信。

祝　辞

謹んで河南大学百周年記念式典のご盛典を祝し　併せて貴学のご発展と皆様のご活躍とご多幸を心からお祈り申し上げます

平成二十四年三月吉日

大正大学
学長　多田孝文

Office of the President
Pukyong National University
599-1 Daeyeon 3-dong Nam-gu
Busan 608-737, Republic of Korea
Tel 82-51-629-5000-3, Fax 82-51-629-5004
Email: mepark@pknu.ac.kr http://www.pknu.ac.kr

August 30, 2012

Professor Lou Yuangong
President
Henan University

Dear President Lou Yuangong,

I am writing this letter to introduce myself as the new president of Pukyong National University as I received my appointment in August, 2012. Along with the wish to introduce myself, I would also like to offer my sincere appreciation for your considerable support in the successful exchange and development between both our universities.

I would like to pass on my congratulations to you for the 100th anniversary of the founding of Henan University. I hope that your university continues to prosper for another century and that the partnership between Henan University and Pukyong National University continues to strengthen and develop.

I look forward to arranging time with you personally in the near future and once again, congratulations on your University's centenary.

Please accept, Mr. Lou, the assurance of my highest consideration.

Best Regards,

Young-Seup Kim, Ph.D.
President
Pukyong National University

2012年8月，韩国釜庆大学为河南大学建校100周年发来贺信。

Kyung Hee
University

河南大学
校长办公室
娄源功 校长

尊敬的娄源功校长;

  首先,我谨代表庆熙大学所有成员,对贵校成立100周年表示衷心的祝贺。这次,很荣幸地收到了贵校建校100周年庆典的邀请函。我们理应到场送上真诚的祝福,但不巧的是,日程上与现有工作有所冲突,届时恐不能到场祝贺。对此,我深表遗憾与歉意,我将会在韩国为贵校送上最诚挚的祝福。希望今后可以通过更多领域的合作,促进两校之间交流。

  预祝贵校100周年能够圆满成功。
  真诚祝愿贵校今后会有更加远大的发展。

2012年9月

庆熙大学

国际交流处长

朴容昇

2012年9月,韩国庆熙大学为河南大学建校100周年发来贺信。

贺 词 篇

庆贺河南大学百年华诞

百年树人育英才

桃李芬芳溢神州

郭柏灵

二〇一二年九月八日

2012年9月，计算数学专家、中国科学院院士郭柏灵为河南大学建校100周年题写贺词。

贺词篇

迎百年校庆

展世纪风彩

沈倍奋

2012.7.19

2012年7月,免疫生物化学专家、中国工程院院士沈倍奋为河南大学建校100周年题写贺词。

> 百年河大
> 再铸辉煌
> 王占国 贺 二〇一二年九

2012年9月，半导体材料物理学家、中国科学院院士王占国为河南大学建校100周年题写贺词。

贺词篇

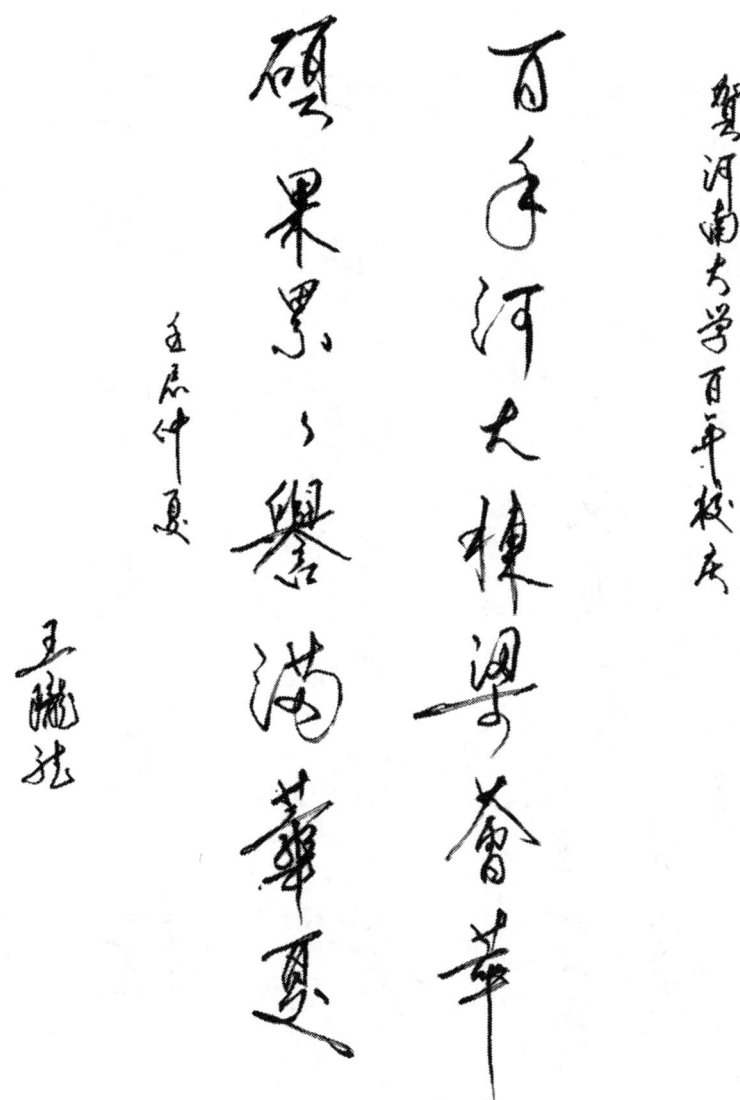

2012年8月，卫生管理和疾病控制专家、中国工程院院士王陇德为河南大学建校100周年题写贺词。

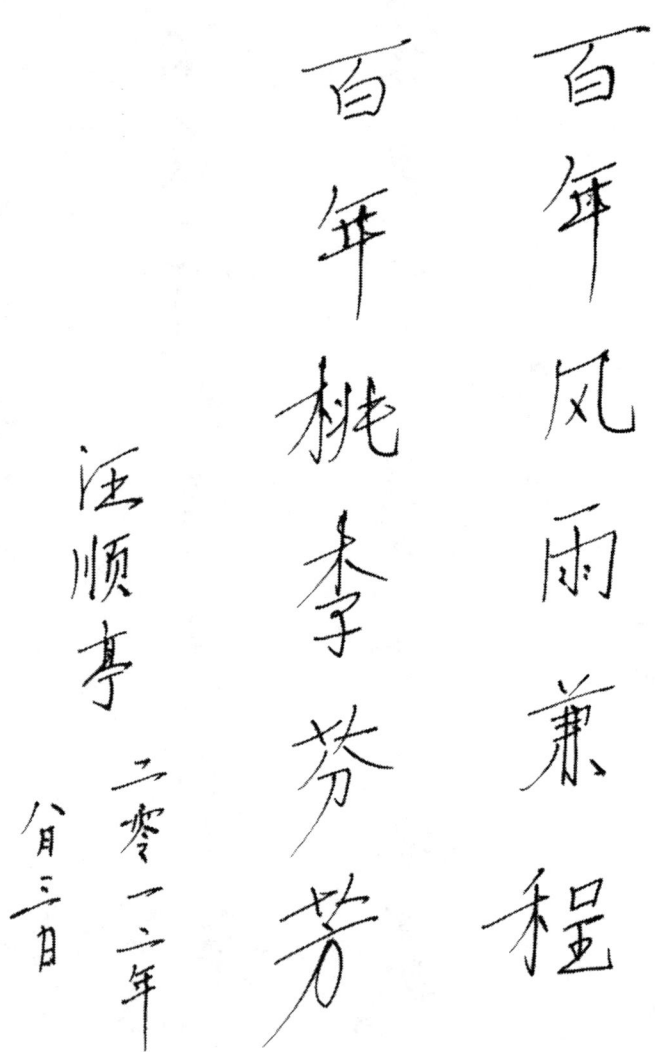

2012年8月,惯性技术与导航设备专家、中国工程院院士汪顺亭为河南大学建校100周年题写贺词。

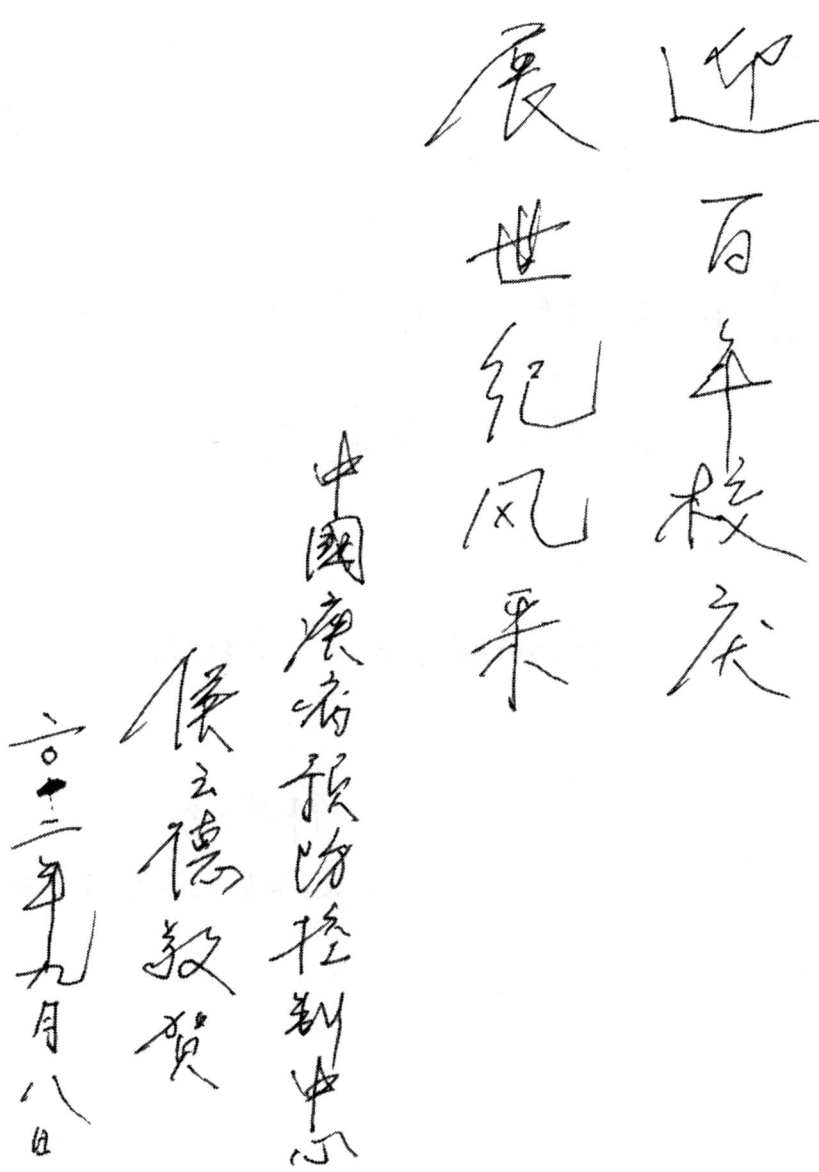

2012年9月,医学病毒学专家、中国工程院院士侯云德为河南大学建校100周年题写贺词。

百年名校，根深叶茂，
协同创新，再创辉煌！

敬贺河南大学百年校庆

薛群基
2012年9月6日于兰州

2012年9月，特种润滑材料专家、中国工程院院士薛群基为河南大学建校100周年题写贺词。

河南大学百年校庆

追求真理！

谢友柏 2012.9.4.

2012年9月，机械学设计及理论、摩擦学专家，中国工程院院士谢友柏为河南大学建校100周年题写贺词。

贺河南大学百年校庆

崛起中原，

独树一帜。

都有为 恭贺

2012-9-12日

2012年9月，磁学与磁性材料专家、中国科学院院士都有为为河南大学建校100周年题写贺词。

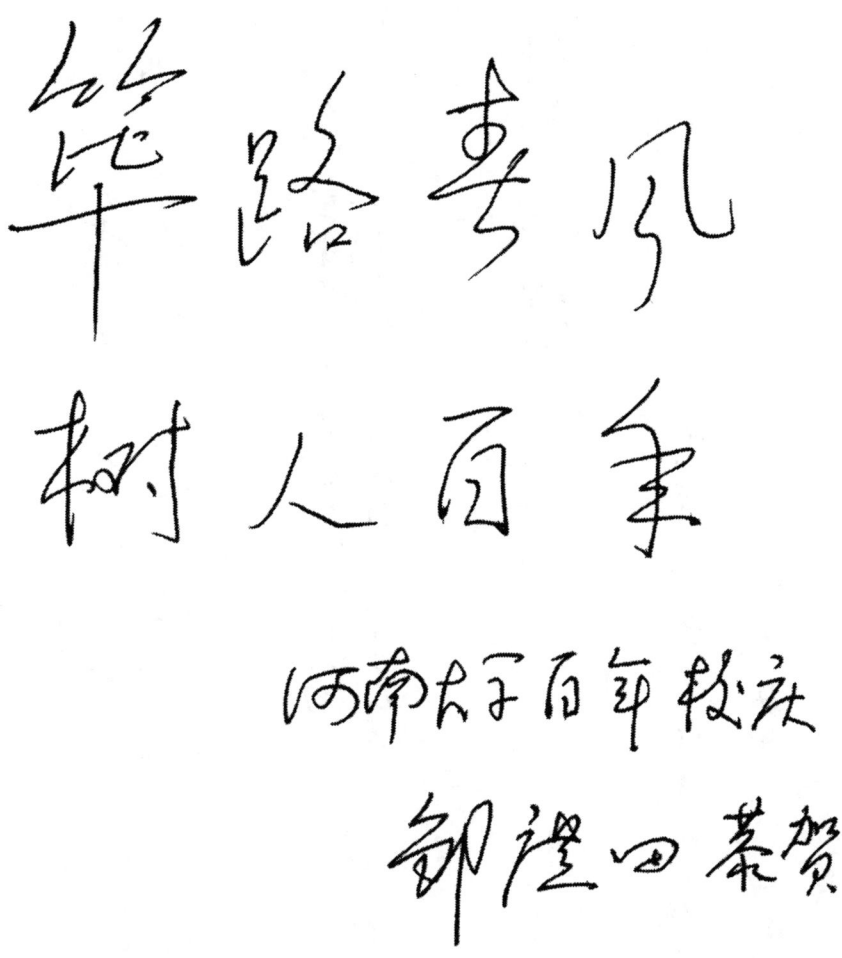

2012年9月,物理学家、中国科学院院士邹广田为河南大学建校100周年题写贺词。

百年盛典

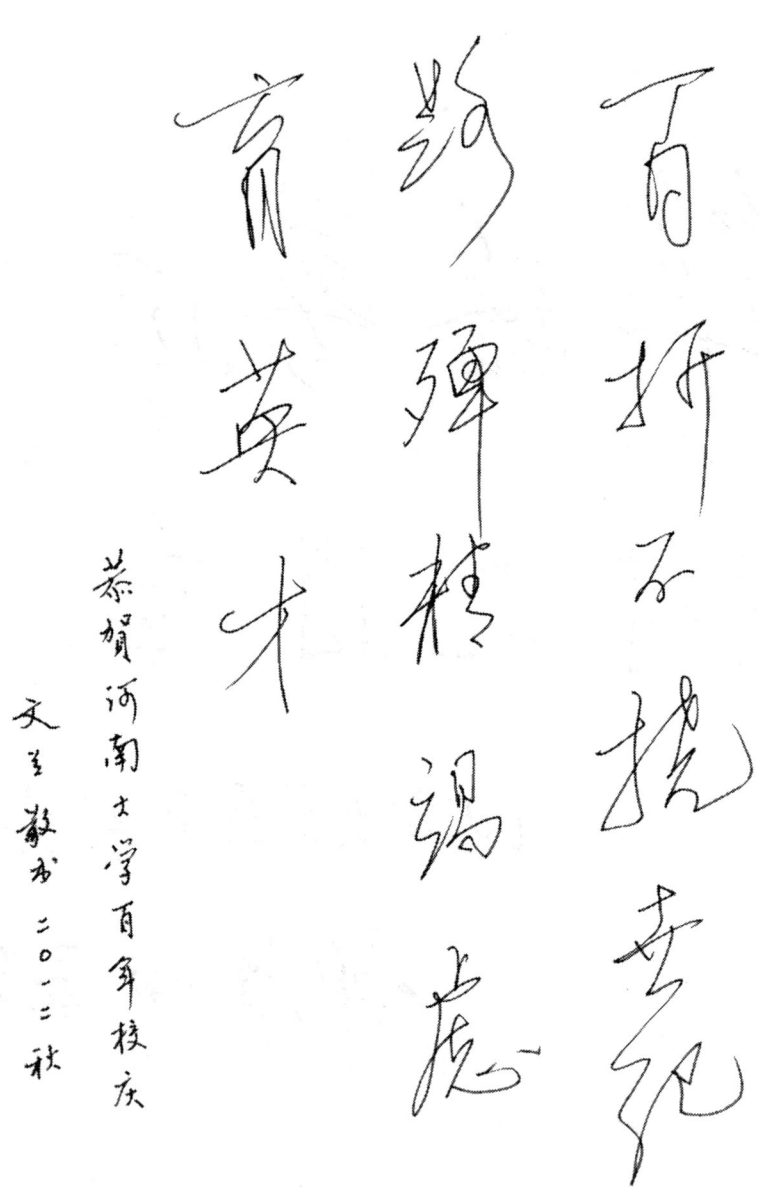

2012年秋,数学家、中国科学院院士文兰为河南大学建校100周年题写贺词。

贺词篇

祝河南大学百年华诞

百学须先立志

董石麟 敬贺

二〇一二年七月

2012年7月，空间结构工程专家、中国工程院院士董石麟为河南大学建校100周年题写贺词。

为国树人，
为民侍奉，
为学攻坚。
贺河南大学百年华诞！
李宁 2012.7.8

2012年7月，生物学专家、中国工程院院士李宁为河南大学建校100周年题写贺词。

祝贺河南大学百年校庆

百年名校

中原骄傲

历经艰辛

不屈不挠

继承优良传统

迎接时代号召

山仑

2012年7月

2012年7月,生物学专家、中国工程院院士山仑为河南大学建校100周年题写贺词。

热烈祝贺 河南大学百岁华诞！

衷心祝颂在今后岁月，河大百尺竿头、更上层楼；将在学科成长、人才培养、科技文化创新和社会服务等各个方面发扬光大、更铸辉煌。为国家建设事业取得更大、更多的卓越成就；为教育振兴做出更加杰出的贡献。

孙 钧 敬贺
壬辰龙年初夏佳日
于沪滨同济园

2012年初夏，岩土力学、隧道与地下建筑工程专家，中国科学院院士孙钧为河南大学建校100周年题写贺词。

贺词篇

中国医学科学院　北京协和医学院
心血管病研究所　阜外心血管病医院

敬贺河南大学建校百年大庆

传承百年历史
再铸河大辉煌

开封学子·工程院院士
朱晓东 二〇一二年

地址：北京阜成门外北礼士路167号　　　电话：68314466、88398856（总机）
邮编：100037　　　　　　　　　　　　　传真：（010）68313012

2012年，心脏外科专家、中国工程院院士朱晓东为河南大学建校100周年题写贺词。

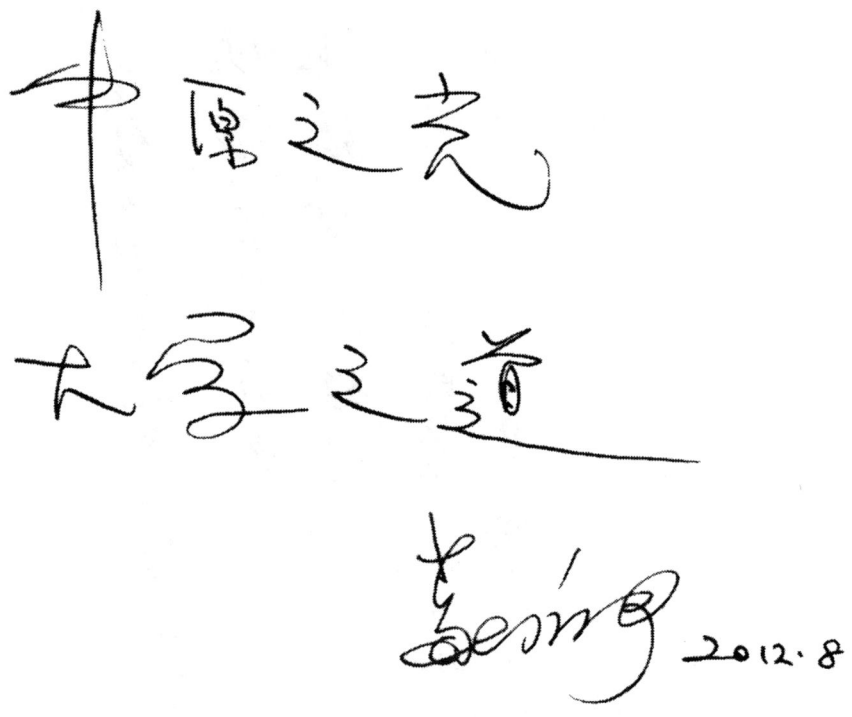

2012年8月,心血管病学家、中国科学院院士葛均波为河南大学建校100周年题写贺词。

贺词篇

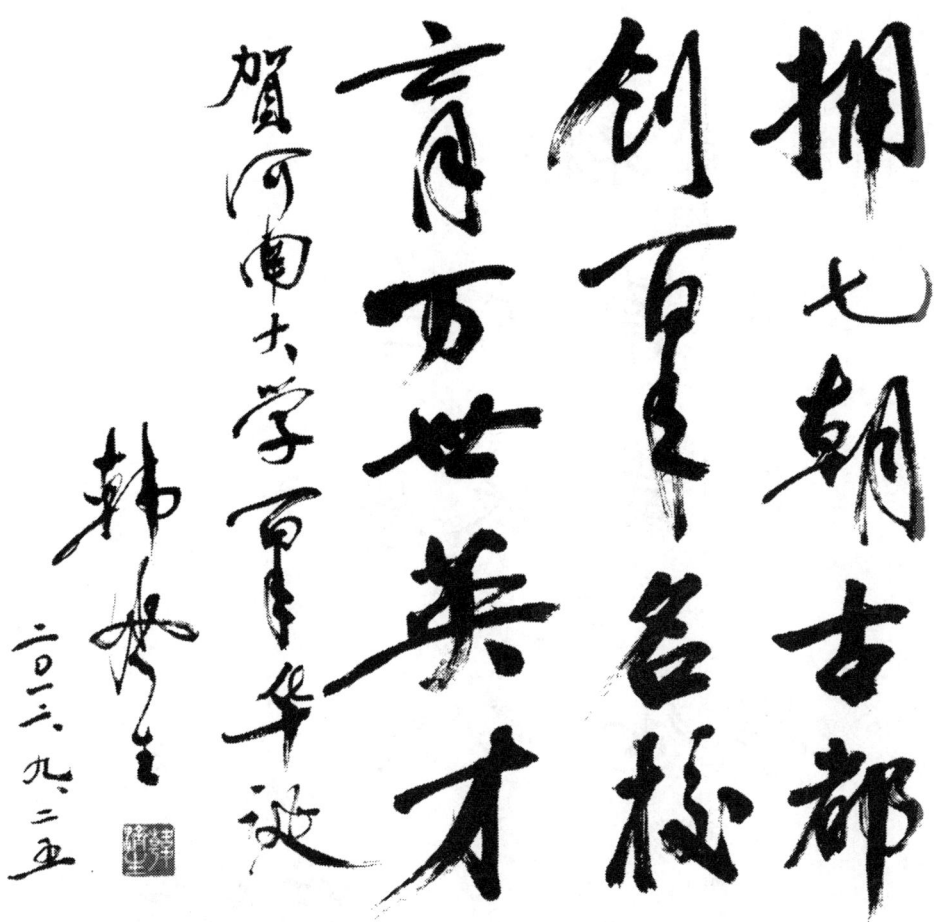

2012年9月,神经生理学家、中国科学院院士韩济生为河南大学建校100周年题写贺词。

國立臺大數學科學中心
TAIDA INSTITUTE FOR MATHEMATICAL SCIENCES
NATIONAL TAIWAN UNIVERSITY
TAIPEI 10617, TAIWAN

祝

河南大學

百歲校慶

及

學術昌隆

林長壽 賀

2012.8.24.

2012年8月，台湾"中央研究院"院士、台湾大学数学系领衔教授林长寿先生为河南大学建校100周年题写贺词。

贺词篇

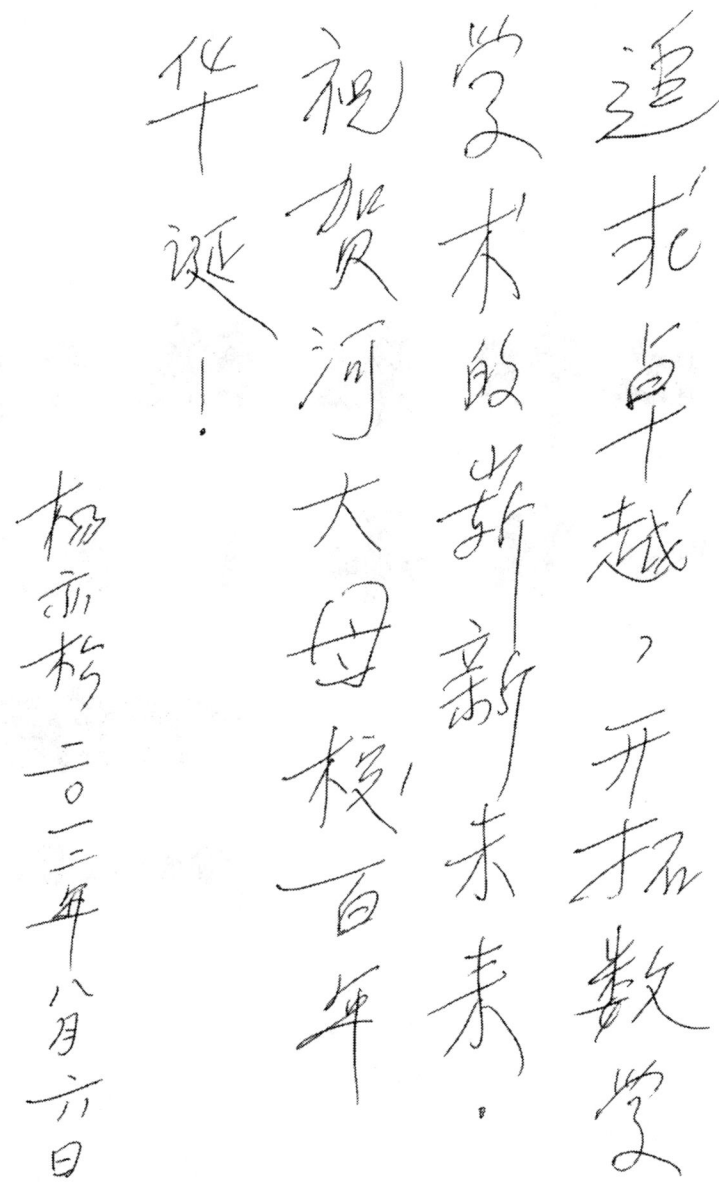

追求卓越，开拓数学学术的崭新未来。

祝贺河大母校百年华诞！

杨亦松 二〇一二年八月六日

2012年8月，美国纽约大学理工院数学系教授、河南大学省"百人计划"特聘教授杨亦松先生为河南大学建校100周年题写贺词。

百年盛典

> 杏坛耕耘越十载
> 仁心传承广悬壶
>
> 陈有海
> 2012.8.2

2012年8月，免疫学专家、美国宾夕法尼亚大学医学院终身教授陈有海先生为河南大学建校100周年题写贺词。

贺词篇

City of Hope

Theodore G. Krontiris, M.D., Ph.D.
Professor of Molecular Medicine
Director Emeritus, Comprehensive Cancer Center

July 13, 2012

Congratulations on the Centennial Anniversary of Henan University! With eyes toward the century, make continued efforts to build it into a first-rate university.

Theodore G. Krontiris

2012年8月,美国希望城国家医学中心癌症中心前主任Dr. Krontiris教授为河南大学建校100周年题写贺词。

讲 话 篇

在河南大学建校 100 周年庆祝大会上的讲话

全国人大常委会副委员长　民盟中央主席　蒋树声

（2012 年 9 月 25 日）

各位领导、各位来宾、各位校友，老师们、同学们：

在这个美好的金秋时节，我们在这里庆祝河南大学建校 100 周年。首先，我谨向河南大学全体师生员工和海内外校友们表示热烈的祝贺。

河南大学是一所百年老校，也是一所有着爱国革命传统和追求科学进步的名校，一百年来，为了民族的振兴、国家的富强、社会的进步，做了不懈努力，为国家培养了一批又一批优秀人才，也为我国高等教育事业作出了重要贡献，有着重要的地位和作用。在这个承前启后、继往开来的历史时刻，让我们共同向河南大学的全体师生员工表示崇高的敬意。

百年华诞，是河南大学发展的里程碑，也是未来发展的新的起点，既面临机遇，又面临挑战。我希望河南大学一定要以提升人才培养的水平为核心，以增强科学研究的能力为关键，以服务经济社会的发展为导向，以实现文化传承和创新为己任，坚持走内涵式的发展道路，实现办学由"大"到"强"的历史性跨越。

进入新的百年，还一定要牢记弘扬大学精神。大学精神是一所大学在多年办学过程中积淀下来的优良传统、精神追求、价值取向和文化氛围，包含了大学的科学精神、人文精神、创新精神和批判精神，形成了一种学术自由、知识创新和严谨治学的学术环境。它看不见，摸不着，但是它在校园里无处不在，潜移默化地影响着每个人。虽然每个大学生都有自己的个性，但是弘扬大学精神，继承和发扬学校的优良传统，对抵制当前一些浮躁、急功近利的社会风气侵蚀我们的大学校园是非常重要的。

我相信，在大家的共同努力下，大学精神一定会得到弘扬。河南大学"明德，新民，止于至善"的优良传统一定会得到很好的继承和发扬。

最后，请允许我借用温家宝总理对河南大学的嘱托结束我的讲话，"办好河南大学，振兴中原教育"！

祝愿河南大学的明天更加美好！更加辉煌！谢谢大家！

在河南大学建校 100 周年庆祝大会上的讲话

教育部党组成员　顾海良

（2012 年 9 月 25 日）

尊敬的蒋树声副委员长、卢展工书记、郭庚茂省长，各位领导，各位来宾，老师们，同学们，朋友们：

今天，我们相聚在历史文化名城开封，隆重庆祝河南大学建校 100 周年。在此，我谨代表教育部向河南大学全体师生员工及广大校友致以热烈的祝贺！向长期以来关心和支持高等教育改革发展的社会各界人士表示衷心的感谢！

在长达一个世纪的发展历程中，河南大学始终秉承"明德，新民，止于至善"的校训精神，植根中原文化沃土，艰苦奋斗，开拓进取，积淀了深厚的文化底蕴，形成了团结、勤奋、严谨、朴实的优良传统，为国家经济社会发展培养了一大批德才兼备的优秀人才，取得了一系列科研成果。

新中国成立以来，特别是改革开放以来，河南大学认真贯彻党的教育方针，坚持社会主义办学方向，在河南省委、省政府的坚强领导和大力支持下，紧紧抓住国家实施科教兴国战略和人才强国战略的大好机遇，积极推进教育教学改革，办学条件显著改善，办学实力明显增强，在人才培养、科学研究、社会服务、文化传承创新等方面取得了可喜的成绩，为河南高等教育事业进步，为区域经济社会发展作出了重要贡献。

值此河南大学百年校庆之际，中共中央政治局常委、国务院总理温家宝同志亲笔为学校题词，贾庆林、李长春、李克强、刘云山、刘延东等党和国家领导同志高度重视并发来贺信。今天，全国人大常委会副委员长蒋树声同志又亲临学校，并将发表重要讲话。这充分体现了党和国家对河南大学广大师生员工的亲切关怀，对教育事业的殷切希望！2008 年 10 月，教育部与河南省人民政府签订共建协议，支持河南大学进入省部共建高校行列。今后，教育部将一如既往关心和支持河南大学改革、建设和发展，为河南大学创建有特色、高水平大学提供更多的支持和帮助。

老师们、同学们，当前我国正处在全面建设小康社会和建设高等教育强国的关键时期。胡锦涛总书记在清华大学百年校庆大会上的重要讲话中，明确指出高等教育要把提高质量作为最核心最紧迫的任务。为了落实总书记的重要讲话精神，今年3月，教育部召开了全面提高高等教育质量工作会议，刘延东国务委员在会上作了重要讲话。会议颁布了《高等教育专题规划》和《高等学校"十二五"科学和技术发展规划》，印发了《全面提高高等教育质量的若干意见》和《关于实施高等学校创新能力提升计划的意见》等一系列文件，系统全面地描绘了高等教育改革发展的基本思路、重要举措和宏伟蓝图。

面对新形势、新任务和新机遇，希望河南大学以100周年校庆为契机，深入贯彻落实胡锦涛总书记在清华大学百年校庆大会上的重要讲话精神和教育规划纲要，紧紧围绕提高质量这一核心任务，紧密结合国家战略及区域经济社会发展需要，坚定实施质量立校、学科强校、人才兴校、开放带动、依法治校发展战略，坚持内涵发展，突出办学特色，不断提高教育教学质量和办学水平，努力把河南大学建设成为我国中部地区高素质人才培养、高水平科学研究、高质量社会服务和中华文化传承创新的重要基地，为实施科教兴国战略和人才强国战略作出新的更大贡献！

最后，衷心祝愿河南大学百年校庆活动取得圆满成功！

谢谢大家！

在河南大学建校 100 周年庆祝大会上的致辞

河南省人民政府省长　郭庚茂

（2012 年 9 月 25 日）

尊敬的蒋树声副委员长，老师们、同学们、同志们、朋友们：

时序仲秋，丹桂飘香，金菊待放。值此美好时节，我们欢聚在古都开封，共同庆祝河南大学建校 100 周年。我代表中共河南省委、省人民政府，向河南大学全体师生员工和海内外广大校友，表示热烈的祝贺！向参加庆祝活动的领导和嘉宾，表示诚挚的欢迎！向长期以来关心支持河南大学建设和河南高等教育事业发展的社会各界人士，表示衷心的感谢！

河南大学是我国为数不多的百年老校。100 年来，河南大学植根中原沃土，栉沐风雨而茁壮，历经沧桑而弥坚，名重中原，享誉海内外。100 年来，河南大学恪守"明德，新民，止于至善"的校训，培养了数以十万计的优秀人才，产生了众多政坛精英和学术大家及商界巨子。100 年来，河南大学追求进步、报效国家，奋勇走在时代前列，始终与祖国同呼吸、共命运。100 年来，河南大学与时俱进、奋力开拓，尤其是在当今河南高等教育改革中，勇立潮头，敢于担当，不断革故鼎新。

百年河大，历经世纪风雨和改革开放的洗礼，已经成为国内有重要影响的综合性大学，百年积淀蕴藏的巨大潜力日益发挥，核心竞争力显著提高，服务中原崛起河南振兴能力不断增强。特别是近年来，河南大学抢抓机遇，快速发展，办学实力不断增强，在人才培养和科学研究等方面取得了丰硕成果，为河南经济建设和社会发展作出了重要贡献。

当前，河南正处于历史上最好的发展时期，经济社会发展总体持续、总体提升、总体协调、总体有效，保持了好的趋势、好的态势、好的气势。尤其是去年 9 月，国务院出台了《关于支持河南省加快建设中原经济区的指导意见》，中原经济区正式上升为国家战略，河南在全国发展大局中的战略地位进一步提升，迎来了加快跨越发展的难得的历史机遇，也为河南高等教育事业发展带来了重大机遇，为广大青年学子施展才干拓展了广阔空间！

加快中原经济区建设，科技是关键，人才是核心，教育是基础。希望河南高校肩负起全省亿万人民的热切期盼,肩负起实现中原崛起河南振兴的神圣使命和历史责任,坚持中国特色社会主义办学方向,为中原经济区建设培养和输送更多的优秀人才,创造和转化更多的科研成果,努力谱写河南高校服务经济发展和社会进步的新篇章!

　　国务院《指导意见》明确提出支持河南大学创建国内一流大学。河南省委、省政府将进一步加大支持力度,也真诚希望国家有关部门和社会各界,为河南大学的建设和河南高等教育事业的发展提供更多的指导和帮助。站在新的百年起点上,希望河南大学认真总结建校百年来取得的成功经验,加快建设国内一流大学的步伐,早日实现百年名校振兴的宏伟目标。我们坚信,河南的未来会因河南大学师生的创新创造而更加精彩,河南大学的明天会因河南的繁荣进步而更加辉煌!

　　谢谢大家!

在河南大学建校 100 周年庆祝大会上的致辞

河南大学校长　娄源功

(2012 年 9 月 25 日)

尊敬的各位领导、各位来宾,亲爱的校友们、老师们、同学们:

今天,我们在这里隆重集会,庆祝河南大学建校 100 周年。这是一个令所有河大人永远难忘的时刻。我代表河南大学,向莅临大会的各位领导、各位来宾、各位校友,表示热烈的欢迎!

河南大学诞生在辛亥革命胜利的曙光里,成长在中华民族复兴的进程中,历经百年沧桑,成就世纪辉煌。

百年河大,形成了自强不息的大学精神。河南大学作为河南现代高等教育的开启者,汇聚河南大学堂、河南省立女子师范学校和河南留学欧美预备学校三支文脉,植根中原文化沃土,传承华夏古老文明,秉持"明德,新民,止于至善"的校训,形成了"团结、勤奋、严谨、朴实"的校风,铸就了"自强不息、百折不挠"的河大精神。这些文化传统,体现中原特色,反映时代风貌,是百年河大弥足珍贵的精神财富,也是学校事业发展的力量源泉。无论是在颠沛流离的战争年代,还是在折枝成林的新中国建立初期,无论是在恢复发展的改革时期,还是在繁荣振兴的当今时代,每逢机遇降临,总有一股激情在涌动,使河南大学自强不息;每当危难来临,总有一种意志在支撑,使河南大学百折不挠。这就是河大精神的力量,激励着我们永不停步、奋勇向前。

百年河大,见证了现代教育的伟大历程。从河南留学欧美预备学校的艰难初创,到冯玉祥将军的改办大学,从省立大学的初具规模,到国立大学的空前鼎盛,从新中国成立初期的院系调整,到改革开放后的恢复发展,从本世纪初的再度繁荣,到百年名校的全面振兴,河南大学与时代发展同步,与民族命运相连,历经数次重大分合调整,但每一次都以宽广的胸怀顺利实现融合,形成新的优势。目前,学校是教育部与河南省人民政府共建的、多学科协调发展的综合性大学,具有本科、硕士、博士三级完整人才培养体系,拥有以院士、长江学者、国家杰青为代表的高层次师资队伍,建有多个国家级教学科研平台,百年名校振兴的步伐更加坚实。

百年河大,培养了治国兴邦的栋梁之才。河南大学延揽名师、培育英才的办学传统薪火相传,哲学大师冯友兰、历史学家范文澜、语言学家郭绍虞、经济学家罗章龙、考古学家董作宾、两弹一星元勋党鸿辛等,都曾在这里传道授业,辛勤耕耘。建校以来,河南大学培养了40多万缤纷桃李,他们遍布大江南北、神州内外。毕业生中英才辈出,各显风流,有院士、学部委员56人,省部级以上领导干部150多人,侯镜如、赵九章、赵毅敏、袁宝华、王国权、尹达、邓拓、白寿彝、梁光烈等一大批学术大师、兴业英才、治国栋梁,就是他们中的杰出代表。还有更多的河大学子扎根基层,默默奉献,用自己的行动,诠释着"铁塔牌"学子的精神风貌。河南大学已经成为中原地区重要的人才汇聚高地和人才培养基地。

百年河大,奠立了开放办学的优良传统。诞生于东西方文化碰撞交融之中的河南大学,建校之初,即开风气之先,内聚青年才俊,外纳先进西学,以三分之一的外教和西学课程,掀开了前瞻开放的历史首页。随后,学校一直把开放办学作为重要发展战略,在与中国科学院、中国社会科学院等国内知名科研机构进行合作的同时,自觉走上国际交流与合作的舞台,与100多所国外高校建立了友好合作关系,成为世界大学校长联合会和亚太大学联合会成员;广泛开展中外校际交流,联合举办中外办学机构和项目,在美国设立了孔子学院,在郑州建设占地2000余亩的国际化校区。正是这种持续的国际化办学实践,赋予了河南大学宽阔的国际视野和深邃的世界眼光,为中华文化国际传播和中原儿女走向世界开启了一扇重要窗口。

百年河大,铸就了爱国奉献的历史丰碑。建校伊始,河南大学便秉承"以教育致国家于富强,以科学开发民智"的办学宗旨,不断谋求强国富民之道。在五四运动、五卅运动、抗日战争、解放战争、抗美援朝等历史关头,河大师生以"读书不忘救国"的历史担当,在中国共产党的领导下,以自己的青春和热血,怀抱复兴希望,弘扬民族正气。在各个历史时期,河大儿女积极投身国家建设,从北京火车站的设计到动力气象学的开创,从青霉素的研制到甲骨文的研究,从两弹一星的研制到文学巨著的创作,无不浸透着河大师生辛勤的汗水,闪耀着河大师生智慧的光芒。改革开放以来,河南大学在植物逆境生物研究、特种功能材料研发、造纸黑液污染治理、中原经济发展研究、北京奥运气象保障、高校统编教材编写、中华传统文化传播,以及黄河文明研究、军工科技研发、天然药物研制等方面,都取得了丰硕成果。河南大学用责任与担当,铸就了一座热爱祖国、奉献社会的巍峨丰碑。

在庆祝河南大学百年华诞的时候,我们不能忘记一百年来为学校建设作出贡献的人们,不会忘记在院系调整时期独立建校和融入其他高校的人们,更不会忘记海内外广大校友和一百年来与我们一路同行的河南人民。在此,我代表河南大学,向他们致以崇高的敬意和衷心的感谢!

百年华诞,是河南大学发展的里程碑,更是迈向未来的新起点。我们要认真总结历史经验,深刻反思问题和不足,紧紧围绕创建国内一流大学的奋斗目标,不断取得事业发展的重大突破,实现百年名校的全面振兴。

校庆前夕,党和国家领导人、省委省政府领导对河南大学的发展提出了殷切期望,温家宝总理亲笔题词:"办好河南大学,振兴中原教育。"办好河南大学,我们责无旁贷;振兴中原教育,我们义不容辞。

办好河南大学,核心是培育英才。大学之道,在明明德,在新民,在止于至善。今日之河大,要能够培养追求真理、追求进步、报效国家、奉献社会的一代代新人,使他们在道德上具有独立人格,在学术上具有独立思考和批判精神,在行动上能够脚踏实地作出创新成就。

办好河南大学,定位是服务中原。一个优秀的民族,必然拥有能够折射本民族文化精髓的一流大学;一个有着古老文明的地区,也必然拥有能够代表本区域的著名学府。文脉即国脉,古今中外,概莫能外。河南大学位居中原,中原经济区是我们报效社会的宽阔舞台,要以服务求发展,以贡献求支持,肩负起推动人类文明进步、实现中华民族复兴的神圣使命。

办好河南大学,重点是学科强校。学科建设是大学发展的龙头,学科积淀是学科发展的基础。要按照国家科技战略,凝练学科方向;按照一流大师成长规律,汇聚学科队伍;按照科技前沿的水准,构筑学科基地;牵手国内外名校,营造国际合作学科发展氛围。

办好河南大学,方略是高端突破。我们要强化优势,彰显特色,融入国家发展战略,融入中原社会发展,融入行业科技进步,打造高峰学科,延揽大师人才,共建高端平台,共享创新成果,提升国际合作层次,使主要办学指标达到国内一流大学的标准。

办好河南大学,关键是社会支持。中原经济区良好的发展态势,国务院"支持河南大学创建国内一流大学"的明确要求,河南省政府实施《百年名校河南大学振兴计划》的政策支持,地方政府与河南大学的互融共生,百年河大深厚的人文积淀和文化底蕴,都为河南大学提供了持续提升的发展环境,值得我们倍加珍惜。我们要把良好的成长生态,转化为师生奋发有为的强大动力,推动学校快速发展、特色发展、持续发展。只要政府和社会为河南大学提供政策、机会和舞台,我们一定能够创造出令人惊喜的巨大成就。

各位领导、各位朋友,同志们、同学们!历经百年风雨的河南大学,创造了丰硕的发展成果和宝贵的精神财富,这不是历史的赠予,而是无数先辈上下求索、不懈开拓的结果。站在新的历史起点,实现百年名校振兴的神圣职责,落在了我们这一代河大人的肩上。新的百年,新的希望,新的期待,我们一定会牢记使命,不负重托,抢抓机遇,奋力拼搏,努力把河南大学办成一所让党和政府满意、令中原人民自豪的一流大学!

谢谢大家!

在河南大学百年校庆庆典大会上的讲话

武汉大学校长　李晓红

（2012年9月25日）

尊敬的关爱和书记、娄源功校长，尊敬的各位领导，各位来宾，河南大学的全体师生和校友们：

大家好！

中原大地，人杰地灵；金秋时节，叠翠流金。今天是河南大学百年校庆的大喜日子，我非常高兴应邀出席这样盛大而隆重的庆典，分享河南大学办学取得的成就和喜悦。我也非常荣幸在此代表兄弟高校发言，我谨代表武汉大学以及全国兄弟院校向河南大学全体师生员工和广大校友，表示诚挚的问候、热烈的祝贺和美好的祝福！

100年栉风沐雨、革故鼎新，100年筚路蓝缕、艰苦奋斗。一个世纪以来，河南大学秉承"明德，新民，止于至善"的校训，百折不挠、自强不息，植根中原文化沃土，努力打造人才培养高地，铸就了敦厚的校风学风，形成了优良的办学传统，为国家培养了40余万高素质、高层次人才，为我国经济社会发展和高等教育振兴作出了重要贡献。

武汉大学和河南大学的交往源远流长。民国时期的五个中山大学中，武汉大学为国立第二中山大学，河南大学为国立第五中山大学，都有"天下为公"的豪情和期许；1952年，在全国高等教育院系调整中，河南大学水利系整体并入到武汉大学，从此两校血脉相连，兄弟情谊更加深厚。改革开放以后，两校在人才培养、科学研究等各个方面交往更加频繁，并取得了诸多成果。今年7月，武汉大学2012年地方校友会会长、秘书长联席会就在河南大学隆重举行。

纵观河南大学100年的办学历史，既是一部河大人励精图治、艰苦奋斗、自强不息的创业史，也是一部学校敢于探索、勇往直前、开拓创新的发展史，历代河大人的团结拼搏、不懈追求，取得了骄人业绩和累累硕果。看到河南大学取得的巨大成就，作为兄弟院校，我们由衷地感到高兴。在河南大学即将踏入新的百年之际，作为血脉相连的兄弟高校，武汉大学对河南大学的美好未来充满期待。

　　当前,我国高等教育正处在加快发展、飞速提升的关键阶段,高等学校承担的社会责任和历史使命比以往任何时候都显得更加重要。坚持以科学发展观为指导,推进学校快速、健康、协调发展,为创新型国家建设培养更多优秀人才是我们共同的责任。在未来的征程中,武汉大学愿意继续与河南大学加强交流、互相学习,与兄弟院校携手并进、共谋发展,共同为开创高等教育新局面、为全面建设小康社会作出新的更大的贡献!

　　最后,衷心祝愿河南大学百年校庆圆满成功!祝愿河南大学繁荣昌盛,再铸辉煌!

　　谢谢大家!

在河南大学建校 100 周年庆祝大会上的致辞

世界大学校长联合会主席 尼尔金

(2012 年 9 月 25 日)

今天我们欢聚一堂共同庆祝河南大学百年校庆,我很荣幸在此发言,作为美国索菲亚大学校长和世界大学校长联合会主席,更重要的是作为河南大学的老朋友。

我首次访问河南大学是在 2000 年。10 年前,我很荣幸在开封市参加了河南大学的 90 年校庆,那时关书记是关校长。

我知道河南大学是一所优秀的学校,在它的教育培养下,孕育出了诸多辉煌,就如世界大学校长联合会,河南大学就是世界上众多成员大学之一。

今天我很荣幸带领我们组织诸多代表组成的访问团,来到这里共襄百年盛典,这些代表都来自世界上杰出的大学。我们极为尊敬和认可河南大学的全球影响力,并且河南大学的娄校长是我们众多会员中极受尊敬的,他也是我们的分会主席之一。

关书记、娄校长和所有河南大学的成员,生日快乐!

在河南大学建校 100 周年庆祝大会上的致辞

美国加利福尼亚州立大学校长　金·亚历山大

（2012 年 9 月 25 日）

尊敬的关爱和书记、娄源功校长，所有参会代表，老师们、同学们，女士们、先生们：

今天，在河南大学百年校庆这个值得纪念的日子里，我非常荣幸能够作为与会代表，向河南大学送上最真挚的问候和热烈的祝贺。关书记、娄校长祝贺你们所取得的辉煌成就，将河南大学建成了一所世界级高校。

河大从 1912 年的欧美留学预备学校开始成长，多次更名，历经中州大学、国立中山大学、中州大学、国立第五中山大学、省立河南大学、国立河南大学、河南师范学院、开封师范学院，最终定名为河南大学。贵校现已培养出 40 多万优秀毕业生，这对于任何高等学府来说都是惊人的成果。贵校培养出大批优秀的人才，其中有近 150 人现任职于省部级领导层，由此可见河南大学对中国乃至世界的贡献巨大。

河南大学现在与世界上超过 40 个国家和地区的 80 多所院校有合作关系，并加入世界大学联合会以及亚太大学联合会，展现出贵校发展国际化教育事业的不懈努力。在这里我可以很自豪地说，我校——加利福尼亚州立大学能与贵校成为合作院校，荣幸之至。

谈到国际化教育，我认为当今学生不仅需要专业学科领域的知识和技巧，更需要对国外文化、习俗以及语言有更深入的了解和学习。现在我们生活在一个竞争激烈而又彼此依存的世界中。我们的学生必须获得在全新的国际环境中竞争并脱颖而出的能力。学生交流项目、教师合作、科研合作以及共同出版刊物，这些将为学生提供全新的学习机会。河南大学国际化发展付出了巨大的努力，作出了很大的贡献，并为众多留学生敞开学习访问的大门，令人赞赏。

最后，请允许我再次向河南大学献上百年华诞的祝贺！祝愿河南大学在下一个世纪收获新的成就，并为中国以及海外学子提供更高质量的教育服务。谢谢大家！

在河南大学建校 100 周年
庆祝大会上的致辞

澳大利亚维多利亚大学校董会主席　乔治·帕帕斯

（2012 年 9 月 25 日）

尊敬的河南大学领导、政府领导、来宾、同僚和同学们：

我很荣幸在河南大学百年校庆庆典上发言。

今天对于河南大学和国际合作都具有重要意义。河南大学在教育事业、知识创新与发展等领域都取得了极为杰出的成就。我代表维多利亚大学全体领导与职工对此表示诚挚的祝贺与最美好的祝福。

百年间，河南大学数以万计的优秀毕业生为中国的科学、经济与社会作出了持续的重大的贡献。

维多利亚大学与河南大学国际教育学院在成功的跨国教育合作过程中，建立了深厚的友好关系。前段时间，国际教育学院举行了 10 年院庆，维多利亚大学校长彼得·道金斯有幸参加了该庆典。通过合作，维多利亚大学有幸了解和学习到了河南大学诸多杰出的优点，尤其是该校恪守学术美德的精神。

在这合作的十年中，我们被河大人的热情好客所感动。此外，数以百计的河南大学学生留学墨尔本维多利亚大学，为我校的学术氛围与校园生活增添了更多的光彩。

随着中澳合作关系逐渐被认识和加深，维多利亚州州长宏·泰德·贝利厄在上一周带着我们最大的贸易任务来到了中国。他宣布该任务的一部分就是一系列的博士奖学金项目，其中有两项来自维多利亚大学，专为我校在华合作大学的学生而设立。

请允许我再一次对河南大学取得的百年辉煌与杰出成就表示衷心祝贺，对河南大学全体以往与现在的领导、院系和学生表示衷心祝贺。

今天我们见证了河南大学的世纪辉煌，我相信它的下一个百年将会更加成功与卓越。

谢谢！

在河南大学建校 100 周年庆祝大会上的发言

河南大学澳大利亚校友会会长　刘钢军

（2012 年 9 月 25 日）

尊敬的关爱和书记、娄源功校长，尊敬的各位领导、嘉宾，尊敬的各位老师、校友：

大家好！

在这洋溢着丰收喜悦的中秋时节，我们欢聚一堂，庆祝河南大学建校 100 周年。今天能够参加这个隆重的庆典，我深感荣幸。在这个美好的时刻，我谨代表学习、工作和生活在世界各地的海外校友，恭祝我们的母校百年华诞！

母校百年，风雨兼程，历尽沧桑巨变。母校百年，春华秋实，收获硕果累累。百年母校，为社会的进步，为民族的振兴，为国家的发展，作出了卓越的贡献，写下了名垂史册的隽永华章。

我们在母校度过了自己的金色年华。专业知识的学习，使我们认识到自然与社会的无穷奥妙，意识到社会与自然之间的紧密联系，领悟到协调人类社会发展与保持自然生态平衡的重要与艰难。我们怀着虚心求学、开拓进取的信念，先后走出国门求发展。我们在居住国的各行各业中努力开拓，不断进取；我们为促进祖国和居住国之间的友好交往，献计献策，尽心尽力。不论在做什么，我们都情系母校，忘不了母校恩师呕心沥血对我们的辛勤培育，忘不了同窗学友朝夕相处结下的真挚友谊。母校恩师在传道、授业、解惑的过程中所倡导和展现的诚意正心、知行合一的治学方法，严谨求真、开拓创新的治学态度，诲人不倦、教书育人的高尚品格，薪火传承、默默奉献的敬业精神，为我们树立了终生学习的光辉榜样。不论走到哪里，我们都心系祖国，祖国的繁荣昌盛是我们共同追求的宏伟目标。改革开放以来，中国在世界迅速崛起，取得了举世瞩目的伟大成就。许多西方的政治家和社会精英纷纷声称"21 世纪是中国人的世纪"。当今世界正处在大发展、大变革、大调整的时期，知识创新已成为社会经济发展的主要驱动力。科教兴国和人才强国，不仅是共识，更是竞相推行的国策。

明德新民百年创伟业,止于至善永续铸辉煌。让我们志存高远,脚踏实地,与时俱进,用我们的智慧、勤劳和汗水,发扬光大母校的校训精神,共同开创母校更加灿烂辉煌的明天;为中华民族的复兴,为祖国的繁荣昌盛,为世界的和谐发展,作出新的更大的贡献!

　　祝各位领导、嘉宾、老师、校友,身体健康,工作顺利,家庭幸福,事业发展!

　　谢谢大家!

河南大学百年校庆庆祝大会致辞稿

台湾校友会代表　管守严

（2012 年 9 月 25 日）

娄校长、各位贵宾、母校各位师长、校友、同学们：

大家好。

我是管守严，1946 年理学院化学系毕业，今年是 91 岁，说起来，只比母校小 9 岁。

今天非常高兴，也非常荣幸参加母校百年校庆大典。首先，我要代表台湾校友会祝贺团和全体旅台校友，恭贺母校一百年校庆。

十年树木，百年树人。河南大学是河南第一所高等学府，百年来不断努力、不断发展、也不断地提升，造就了许许多多的人才，为国家社会服务贡献，为河大写下了光荣的历史。

在母校一百年校庆的光荣时刻，我要呼吁河大人再努力、再进步，让河南大学在已有的基础上，继续精进，为国家培养 21 世纪需要的人才。

祝福各位贵宾，各位师长、校友、同学们健康、快乐。

河南大学百年校庆圆满成功！

在河南大学建校 100 周年庆祝大会上的发言

人民日报驻联合国分社社长　席来旺

(2012 年 9 月 25 日)

尊敬的各位领导、老师、海内外来宾、校友,亲爱的同学们:

大家上午好!我今天很高兴能站在庄严的河大礼堂,和大家一起共同见证这难忘而辉煌的历史时刻,共同庆祝我们母校河南大学 100 周年校庆。我谨代表河大在国外的校友,向母校百年华诞致以最真诚的祝贺!

说实在的,此时此刻,我们对母校的心情不仅是无比喜悦,更是无限感恩。难忘十号教学楼师生互动时的其乐融融,难忘铁塔湖畔那孜孜不倦的求学身影。30 年前母校的点点滴滴都在我的脑海里,无数次地再现。是母校培养教育了我们,母校给了我们知识、智慧以及做人、做事的先期品德教育,因为母校才有我们今天,我们在各自事业的道路上踏踏实实向前迈进。饮水思源,作为河大校友,我们深切感激母校的栽培。

毫不夸张地说,我们的河大情怀无论何时何地都是难以割舍的。近年来,我在全美各地接触到各个领域的河大校友,我深深地感到,我们河大校友身在国外,心系母校。当我们的校友在联合国总部讲授"汉字的起源与发展",当我们的校友在联合国政治部直接服务于世界和平事业,当我们的校友在全美各地拼搏事业有成,当"河南大学美国校友会"及世界各地校友会的凝聚力日渐形成,尤其是当河大校友在异国他乡向到访的母校领导积极倾诉时,我更感到海外河大校友那种特有的母校情怀。几天之前,我曾站在大洋彼岸联合国总部大厦前录制一段视频发回,向母校百年华诞献上美好的祝愿。凝聚海外校友的一个重要纽带是,身处海外的河大校友也密切关注着母校的建设和发展,时刻希望能有机会为母校贡献绵薄之力。

最后,我们完全有理由相信,母校百年华诞将成为承前启后、继往开来和再创辉煌的新起点。我们衷心祝愿母校早日建成国内一流大学,加快国际化步伐,再创历史辉煌。祝母校的同学们学习进步,老师们身体健康!谢谢大家。

在河南大学百年校庆上的发言

王立群

（2012 年 9 月 25 日）

尊敬的各位领导、各位来宾、各位校友、老师们、同学们：

大家好！

今天是一个值得庆祝的日子。我站在这里，被期待着说出一些恒久的道理与睿智的话语。我只能说一说自己的几点感受。

第一，这是一片神奇的土地。

在中国封建科举制度行将就木之际，河南大学这片土地见证了科举制度的终结，也开启了新式高等教育。一百年星移斗转，河南大学见证了中国新旧教育的历史转折；一百年风雨沧桑，河南大学经历了分分合合的艰辛历程。一百年的时光，可以让人们忘却很多，然而时光并没有让一切面目全非。时光留下的不仅仅是那些看得见摸得着、承载着无数故事、值得不断回忆的千年铁塔、百年牌楼、古城墙、贡院碑，"明德，新民，止于至善"的大学精神随着时间的淘洗而历久弥新，成为几代人一贯的、不变的坚守。

第二，这是一片充满信念、充满憧憬、放飞理想的土地。

今天，我是以双重的身份站在这里的。因为我不仅是河南大学的一名教师，我、还有我的儿子，也都曾是河南大学的一名普通学生。

河南大学，给了我人生最初的信念和憧憬，正是凭着这份信念与憧憬，我踏上了追求梦想的征途。从这里，我找到了坚实的支撑；从这里，我走向了三尺讲台；从这里，我找到了生活的价值；从这里，我发现了生命的精彩。今天我站在这里，最想要说的两个字是感谢——感谢母校的培养。

第三，这是一片精神栖息的净土。

母校是母亲，母校是家，母校是永恒的精神家园，母校是知识的殿堂，母校是社会良知的守望者。

校庆是一个节日，欢歌笑语；校庆是一次聚会，盛满回味；校庆是一个总结，检阅成绩；校庆更是一个起点，放飞理想。

最后，我祝愿百年校庆活动圆满成功，祝愿我的母校——河南大学的明天更加辉煌美好！

在庆祝河南大学建校 100 周年大会上的发言

土木建筑学院 2008 级　王　振

(2012 年 9 月 25 日)

尊敬的各位领导、各位来宾、各位校友,亲爱的老师、同学们:

今天,我们怀着无比喜悦的心情迎来了河南大学建校 100 周年庆典。在这里,我代表河南大学全体在校学生,向我们敬爱的母校道一声:"生日快乐!"

1912 年,河南大学沐浴着辛亥革命的风雨,在中原大地上崛起。一百年来,我们的母校饱经沧桑、历经磨难,见证了千年科举制度的终结,也开启了中国高等教育的新纪元。她从诞生的那一天起,就践行着"以教育致国家于富强,以科学开发民智"的办学宗旨,秉持着"明德,新民,止于至善"的校训,一代代良师传道授业,一代代学子博学笃行,母校培育的数十万学子在不同领域各展才华、建功立业,为国家建设、社会发展作出了巨大贡献。一百年后的今天,在这个特殊的日子里,我们相信,河南大学所有的学生都会有着同样激动的心情,我们为自己身为河大人而感到骄傲和自豪!

今天的河南大学,承载着历史的荣耀,肩负着明日的希望。2008 年省政府与教育部共建河南大学,历经风雨沧桑的母校迎来了新的发展契机。在 100 周年的历史节点上,国务院与河南省政府都明确提出"支持河南大学创建国内一流大学",河南大学的建设和发展提到了前所未有的高度。

作为百年河大的学子,我们有幸感悟了母校一百年的历程,有幸见证了母校跨越式的发展,我们的身上深深烙下了河南大学的印记。我们一定不忘母校之恩,不负河大之名,以先辈和校友为榜样,弘扬"自强不息、百折不挠"的河大精神,志存高远,勇于创新,奋力拼搏,为河南大学的明天谱写更为光辉灿烂的篇章!

猗欤吾校永无疆!

谢谢!

报 道 篇

<small>世纪创业兴教兴国喜看英华遍神州　百年耕耘立德立言广植桃李满天下</small>

庆祝河南大学建校 100 周年大会隆重举行

郭　文

中共中央政治局常委、国务院总理温家宝为我校亲笔题词:"办好河南大学,振兴中原教育。"中共中央政治局常委、全国政协主席贾庆林,中共中央政治局常委李长春,中共中央政治局常委、国务院副总理李克强,中共中央政治局委员刘云山,中共中央政治局委员、国务委员刘延东,中央军委委员、国务委员兼国防部长梁光烈上将,以及路甬祥、韩启德、陈奎元、厉无畏、陈宗兴等国家领导人给学校发来题词和贺信。

嵩岳苍苍,河水泱泱。百年河大,世纪辉煌。

2012 年 9 月 25 日,河南现代高等教育的开启者——河南大学迎来了建校 100 周年的盛典。花团锦簇,流金叠翠,整个河大园变成了欢乐的海洋。

当天上午,庆祝河南大学建校 100 周年大会在河南大学大礼堂隆重举行。来自五湖四海的嘉宾、校友齐聚一堂,庆祝河南大学建校 100 周年。

中共中央政治局常委、国务院总理温家宝为我校亲笔题词:"办好河南大学,振兴中原教育。"

中共中央政治局常委、全国政协主席贾庆林,中共中央政治局常委李长春,中共中央政治局常委、国务院副总理李克强,中共中央政治局委员刘云山,中共中央政治局委员、国务委员刘延东,中央军委委员、国务委员兼国防部长梁光烈上将,以及路甬祥、韩启德、陈奎元、厉无畏、陈宗兴等国家领导人给学校发来题词和贺信,中国科学院、中国社科院、清华大学、南京大学、浙江大学、复旦大学、中国科技大学、国防科技大学等 70 多个国内友好单位和兄弟高校,也发来了贺信,向我校全体师生和海内外校友表示热烈祝贺。

全国人大常委会副委员长、民盟中央主席蒋树声,中共河南省委书记、省人大常委会主任卢展工,中共河南省委副书记、河南省人民政府省长郭庚茂,教育部党组成员顾海良,全国政协教科文卫体委员会副主任、原河南省政协主席王全书,中共河南省委常委、省委秘书长刘春良,河南省人大常委会副主任、民盟河南省委主委储亚平,河南省人大常委会副主任蒋笃运,河南省人民政府副省长徐济超、张广智,河南省政协副主席孔玉芳,河南省政协副主席、民革河南省委主委李英杰,河南省政协副主席、民建河南省委主委龚立群,河南省政协副主席、省工商联主席梁静,全国政协常委、河南省政协副主席、农工党河南省委主委高体健,河南省政协副主席、九三学社河南省委主委张亚忠,以及国家和省直有关部门领导、河南省各省辖市领导、国内兄弟高校领导、参加世界大学校长论坛的国外友好学校代表、社会各界友好单位代表、企业家代表等出席河南大学建校一百周年庆祝大会。

河南大学各地校友会负责人、海内外校友代表、师生代表和各级新闻媒体记者,也参加了庆祝大会。

上午10时整,庆祝大会在庄严的国歌声中开始。大会由校党委书记关爱和主持。

中共河南省委常委、省委秘书长刘春良宣读温家宝、贾庆林、李长春、李克强的题词和贺信。河南省人民政府副省长徐济超宣读刘云山、刘延东、梁光烈的贺信和题词。

校长娄源功发表了热情洋溢的致辞,他代表学校向莅临大会的各位领导、各位来宾、各位校友表示热烈的欢迎。在回顾河大百年来的风雨历程时,娄源功说,诞生在辛亥革命胜利的曙光里,成长在中华民族复兴的进程中,河南大学历经百年沧桑,成就世纪辉煌:形成了自强不息的大学精神,见证了现代教育的伟大历程,培养了治国兴邦的栋梁之才,奠立了开放办学的优良传统,铸就了爱国奉献的历史丰碑。

娄源功说,百年华诞,是河南大学发展的里程碑,更是迈向未来的新起点。我们要认真总结历史经验,深刻反思问题,紧紧围绕创建国内一流大学的奋斗目标,不断取得事业发展的重大突破,实现百年名校全面振兴。

办好河南大学,核心是培育英才。河南大学位居中原,要以服务求发展,以贡献求支持,推动人类文明进步、实现中华民族复兴是我们的神圣使命,中原经济区是我们报效社会的宽阔舞台。

办好河南大学,重点是学科强校。要按照国家科技战略,凝练学科方向;按照一流大师成长规律,汇聚学科队伍;按照科技前沿的水准,构筑学科基地;牵手国内外名校,营造国际合作学科发展氛围。

办好河南大学,路径是重点突破。我们要强化优势,彰显特色,融入国家发展战略,融入中原社会发展,融入行业科技进步,打造高峰学科,延揽大师人才,构建科技创新平台,提升国际化水平,使主要办学指标达到国内一流大学的标准。

办好河南大学,关键是社会支持。我们要把良好的成长生态,转化为师生奋发有为的强大动力,推动学校快速发展、特色发展、持续发展。只要政府和社会为河南大学提供政策、机会和舞台,我们一定能够创造出令人惊喜的巨大成就。

娄源功表示,我们一定会牢记使命,不负重托,抢抓机遇,奋力拼搏,努力把河南大学办成一所让党和政府满意、令中原人民自豪的一流大学!

兄弟高校代表武汉大学校长李晓红院士,国外友好学校代表世界大学校长联合会主席尼尔金博士、美国加利福尼亚州立大学校长金·亚历山大博士、澳大利亚维多利亚大学董事会主席乔治·帕帕斯先后致辞,衷心祝愿河南大学百年校庆圆满成功,祝愿河南大学繁荣昌盛,再铸辉煌!

河南大学澳大利亚校友会会长刘钢军、台湾校友代表管守严、《人民日报》驻联合国分社社长席来旺先后代表校友致辞,祝愿母校早日建成国内一流大学,加快国际化步伐,再创历史辉煌!

文学院教授、中央电视台《百家讲坛》主讲人王立群,校学生会主席王振分别代表师生发言,共同祝愿百年校庆活动圆满成功,祝愿河南大学的明天更加辉煌美好!

顾海良代表教育部讲话。他说,在长达一个世纪的发展历程中,河南大学始终秉承"明德,新民,止于至善"的校训精神,植根中原文化沃土,艰苦奋斗,开拓进取,积淀了深厚的文化底蕴,形成了团结、勤奋、严谨、朴实的优良传统,为国家经济社会发展培养了一大批德才兼备的优秀人才,取得了一系列科研成果。

顾海良对新中国成立以来特别是改革开放以来我校的成就给予了高度评价。他说,河南大学认真贯彻党的教育方针,坚持社会主义办学方向,在河南省委、省政府的坚强领导和大力支持下,紧紧抓住国家实施科教兴国战略和人才强国战略的大好机遇,积极推进教育教学改革,办学条件显著改善,办学实力明显增强,在人才培养、科学研究、社会服务、文化传承创新等方面取得了可喜的成绩,为河南高等教育事业进步,为区域经济社会发展作出了重要贡献。他表示,教育部将一如既往关心和支持河南大学改革、建设和发展,为河南大学创建有特色、高水平大学提供更多的支持和帮助。

顾海良希望河南大学以 100 周年校庆为契机,深入贯彻落实胡锦涛总书记在清华大学百年校庆大会上的重要讲话精神和教育规划纲要,紧紧围绕提高质量这一核心任务,紧密结合国家战略及区域经济社会发展需要,坚定实施质量立校、学科强校、人才兴校、开放带动、依法治校发展战略,坚持内涵发展,突出办学特色,不断提高教育教学质量和办学水平,努力把河南大学建设成为我国中部地区高素质人才培养、高水平科学研究、高质量社会服务和中华文化传承创新的重要基地,为实施科教兴国战略和人才强国战略作出新的更大贡献。

郭庚茂代表中共河南省委、省人民政府向我校师生员工和海内外校友表示热烈的祝贺。他说，时序仲秋，丹桂飘香，金菊待放，值此美好时节，我们欢聚在古都开封，共同庆祝河南大学建校100周年。他代表中共河南省委、省人民政府，向河南大学全体师生员工和海内外广大校友，表示热烈的祝贺！向参加庆祝活动的领导和嘉宾，表示诚挚的欢迎！向长期以来关心支持河南大学建设和河南高等教育事业发展的社会各界人士，表示衷心的感谢！

他高度评价了河南大学的辉煌历程。他说，河南大学是我国为数不多的百年老校。100年来，河南大学植根中原沃土，栉沐风雨而茁壮、历经沧桑而弥坚，名重中原、享誉海内外。100年来，河南大学恪守"明德，新民，止于至善"的校训，培养了数以十万计的优秀人才，产生了众多政坛精英和学术大家及商界巨子。100年来，河南大学追求进步、报效国家，奋勇走在时代前列，始终与祖国同呼吸、共命运。100年来，河南大学与时俱进、奋力开拓，尤其是在当今河南高等教育改革中，勇立潮头、敢于担当，不断革故鼎新。百年河大，历经世纪风雨和改革开放的洗礼，已经成为国内有重要影响的综合性大学，百年积淀蕴藏的巨大潜力日益发挥，核心竞争力显著提高，服务中原崛起河南振兴能力不断增强。特别是近年来，河南大学抢抓机遇，快速发展，办学实力不断增强，在人才培养和科学研究等方面取得了丰硕成果，为河南经济建设和社会发展作出了重要贡献。

郭庚茂指出，当前，河南正处于历史上最好的发展时期，经济社会发展总体持续、总体提升、总体协调、总体有效，保持了好的趋势、好的态势、好的气势。尤其是去年9月，国务院出台了《关于支持河南省加快建设中原经济区的指导意见》，中原经济区正式上升为国家战略，河南在全国发展大局中的战略地位进一步提升，迎来了加快跨越发展的难得的历史机遇，也为河南高等教育事业发展带来了重大机遇，为广大青年学子施展才干拓展了广阔空间。

郭庚茂强调，加快中原经济区建设，科技是关键，人才是核心，教育是基础。希望河南高校肩负全省亿万人民的热切期盼，肩负起实现中原崛起河南振兴的神圣使命和历史责任，坚持中国特色社会主义办学方向，为中原经济区建设培养和输送更多的优秀人才，创造和转化更多的科研成果，努力谱写河南高校服务经济发展和社会进步的新篇章。

郭庚茂表示，国务院《指导意见》明确提出支持河南大学创建国内一流大学。河南省委、省政府将进一步加大支持力度，也真诚希望国家有关部门和社会各界，为河南大学的建设和河南高等教育事业的发展提供更多的指导和帮助。站在新的百年起点上,希望河南大学认真总结建校百年来取得的成功经验,加快建设国内一流大学的步伐,早日实现百年名校振兴的宏伟目标。我们坚信,河南的未来会因河南大学师生的创新创造而更加精彩,河南大学的明天会因河南的繁荣进步而更加辉煌。

蒋树声发表重要讲话。他热情洋溢地说,河南大学是一所老校,也是一所有着爱国革命传统和追求科学进步的名校,一百年来,为推动社会进步不懈努力,为国家培养了一大批优秀人才,也为我国高等教育作出了重要贡献,有着重要的地位和作用,在这个承前启后、继往开来的历史时刻,让我们向河南大学的全体师生员工表示崇高的敬意。

蒋树声指出,百年华诞,是河南大学发展的里程碑,也是未来发展的新起点,既面临机遇,又面临挑战。他希望河南大学一定要以提升人才培养水平为核心,以增强科学研究能力为关键,以服务经济社会发展为导向,以实现文化传承创新为己任,坚持走内涵式发展道路,实现由"大"到"强"的历史跨越。

蒋树声要求,进入新的百年的河南大学一定要牢记弘扬大学精神。大学精神是一所大学在多年办学过程中积淀下来的优良传统、精神追求、价值取向和文化氛围,包含了大学的科学精神、人文精神、创新精神和批判精神等,形成了一种学术自由、知识创新和严谨治学的学术环境。它看不见,摸不着,但它在校园无处不在,潜移默化地影响着每个人。虽然每个大学生都有自己的个性,但弘扬大学精神,继承和发扬各自的优良传统,对抵制浮躁、急功近利的社会风气侵蚀大学校园是非常重要的。

关爱和在主持庆祝大会时说,建校100周年庆祝大会是河南大学发展史上承前启后、继往开来的历史性会议。回顾河南大学百年历程,我们倍感自豪和骄傲;展望河南大学美好明天,我们充满信心和力量。温家宝总理等党和国家领导人的题词、贺信,以及蒋树声副委员长、郭庚茂省长的讲话,情真意切,语重心长,对河南大学的发展寄予了殷切期望,提出了明确要求。把河南大学建设成国内一流大学,不仅是党中央、国务院的要求,也是河南省委、省政府和全省人民的嘱托,更是河南大学广大师生和校友的心愿。我们一定以百年校庆为契机,继承优良传统,坚持科学发展,加快高水平大学建设步伐,努力办好河南大学,振兴中原教育,为实现中原崛起和民族复兴作出新的更大贡献。伟大的祖国繁荣昌盛,崛起的中原前程似锦,河南大学的明天也必将更加灿烂辉煌!

本次庆祝大会通过河南卫视、人民网等媒体面向全球直播。

(原载《河南大学报》2012年9月30日)

河南大学建校 100 周年
庆典晚会隆重举行

史周宾　苗　楠　侯金林　王振国

风吹了,雪飘了,爱已生根了/风停了,雪化了,爱已发芽了
来了,走了,爱已开花了/冬去了,春来了,爱已长大了

一百年薪火相传,一百年弦歌不辍;一百年风雨兼程,一百年累累硕果。9月25日晚,全体河大人的目光聚焦在金明校区明德广场,"猗欤吾校永无疆——河南大学建校100周年庆典晚会"在此隆重举行。出席百年校庆庆典的部分领导嘉宾、广大校友、学校离退休领导、现任领导班子全体成员与万余名师生聚集一堂,共襄盛会,同贺河南大学百年华诞。

19时30分,全场一片寂静。三声悠扬的校令钟声过后,主屏画面上一组年份数字不断闪现:1912、1922、1932……2012,代表了河南大学的百年跨越。一时间,场上场下,旗帜飘扬,青春激荡,星光璀璨,欢声雷动。

整台晚会分为"明德篇"、"新民篇"、"至善篇"三个篇章,取自河南大学校训"明德,新民,止于至善"。晚会将交响音画、歌、舞、情景表演、朗诵等艺术形式融为一体,再现了河南大学波澜壮阔的百年历程中的重大事件、曲折发展、历史变迁。晚会主持由娄玉舟、钟倩、林泉、陈静、栗江豪、吕新艳等6名不同年级的河大校友、学生担纲。

"……根本之救治法若何?是非多遣留学欧美,以造就真才不可。……初而乞诸邻邦,归而飨诸祖国,其有裨于民智、民德、民力、民权、民生者必多。"一百年前,我校首任校长林伯襄发布的《筹备留学欧美预备学校公启》宣告着河南大学的前身河南留学欧美预备学校正式成立。晚会在这雄浑厚重的声音中拉开序幕。

世纪更替,风云突变,泱泱中华,兵戈四起,一个改革图强的世纪新页在辛亥革命的雷声新雨之后蔚然展开。"明德篇"以"风声"、"雨声"、"读书声"为线索,通过演员们的精彩演绎重现了河南大学师生在国家、民族危亡的形势下,踏上明德新民的求索之路的光辉历程。伴随着预校校歌的音乐响起,

在林伯襄校长手中的小马灯的照耀下,预校学子们开始起舞欢歌,歌赞预校的新式教育,歌赞浴火而生的中华新貌。舞毕,随着一声长长的汽笛声,歌曲《送别》的音乐缓缓响起,预校学子们告别故土家国,开始了一场放眼看世界的旅程,践行"以教育致国家于富强,以科学开发民智"的理想。历史的车轮滚滚向前,主屏画面切换至炮火纷飞的战争年代。1931年9月18日,日本帝国主义侵略我东北三省,河南大学师生在刘季洪校长的带领下迎接流亡的东北大学师生。然而战争之火很快烧至中原大地,河大师生不得不踏上了长达八年之久的流亡办学之路。洛阳潭头镇上,9名河大师生因照顾仪器和图书没能来得及转移,最终倒在日寇罪恶的刺刀之下,他们的鲜血染红了那一页页书本。"潭头惨案"的情景再现,牵动了广大观众的心弦,大家无不为之动容。第三单元"读书声"中,河南大学各个时期的藏书章一一呈现,河大学子神情专注、气质沉静,徜徉书海、检索时光。那种始终不变的学习热情和对知识的渴望让人感到一种希望、一种力量。

  新芽吐绿,带来春天的消息,春日的暖阳;红旗如画,谱写中原的壮歌,中原的梦想。在"新民篇"之"家事"单元,几位不同年代的河大校友和一名在校生代表缓缓讲述着《我的大学》,畅谈在校时的美好回忆。吴雪莉,一位把自己的一生奉献给河南大学的华籍美国人。她珍藏着一面1949年的五星红旗,60多年以来,每年10月1日都会把它悬挂在家门口。她说:"河南大学是我的家,愿我们共同努力,把河南大学办得更好。"1977级校友、原副校长王发曾对自己的大学记忆娓娓道来:"至今我的耳旁还响起,十号楼朗朗的读书声,还有大礼堂歌咏比赛的歌声;我的眼前似乎还能看得到,我们东操场的龙腾虎跃,还有铁塔湖畔的青春飞扬。"2004级校友孙自豪和妻子讲述了两人在大学时期面临困境时迎难而上的勇气和决心,并感谢河南大学在他们困难之际给予的无私帮助,让他们度过了最艰苦的岁月。2012级学生代表王嘉怡略带稚嫩的嗓音让观众听到了大一新生对学校的感恩与祝福。"国事"单元:在全国范围的高等学校首次院系调整的大背景下,同学们虽然对河大园恋恋不舍,但是一如既往地服从国家的安排,支持院系调整。大家再灌一壶铁塔湖的水,让它寄托相思,毅然决然地奔赴祖国各地。河南大学英才济济,在不同历史时期均涌现出众多知名校友,成为各个领域的领军人物。"天下事"单元:舞台上先后呈现梅、兰、竹、菊"四君子"形象,分别对应河南大学培养出的社会活动领域、艺术领域、自然科学领域、人文社科领域的优秀人才。灿若群星的河大知名校友一一从主屏上闪过,现场不时响起充满骄傲与自豪的掌声与欢呼声。"新民篇"展现出经历了凤凰涅槃、浴火重生的河南大学迎风起舞、放声歌唱的蓬勃景象。从历史深处走来的河南大学,正满怀信心地迎接新中国的检阅。

"至善篇"从"墨香"、"心香"、"桃李香"三个方面展示了河南大学深厚的文化底蕴和建设国内一流大学的雄心壮志。主屏上,一笔平和中正的横、一笔坚定有力的竖、一笔飞扬灵动的撇、一笔苍劲流畅的勾,与舞台上演员的水袖表演配合得天衣无缝;科技感十足的数学符号、物理公式、化学元素、电脑点阵、建筑设计、文学句读、五线音符、素描手稿等纷至沓来,相互叠加,表现了河南大学历经百年积淀下来的优良教风和学风。在这座美丽的校园里,师长对同学们关爱有加、呵护备至,细心地从各个方面给予关心与照顾,耐心地帮助他们成长成才,河大园呈现出一派和谐融洽、欣欣向荣的景象。在雄壮激昂的音乐声中,学校近年来在学科建设、师资队伍、人才培养、社会服务、国际交流、校园建设等方面所取得的重大突破和成就通过视频的方式不断呈现,身着鲜花硕果服装的学子们充满自信地展示自己最耀眼的光彩,模特队、健美操、彩带操、体育舞蹈、艺术舞蹈、武术表演等纷纷登场,整个舞台成为一片色彩绚烂、欢乐灵动的海洋。晚会最后,校领导关爱和、娄源功、梁晓夏、赵国祥、王凌、宋纯鹏、关学增、邢勇、刘志军、雷霆、朱恒宽登台,全场起立,齐唱《河南大学校歌》,歌声雷动,晚会气氛达到高潮。

本台晚会由校党委书记关爱和、校长娄源功担任顾问,关爱和担任总策划,校党委副书记王凌担任总指挥,节目全部由河大师生自编、自导、自演,不仅是一场精妙绝伦的视听盛宴,更是一段激励人心的河大史诗。在学校领导的关心支持与深入指导下,有关部门与学院密切配合、通力合作,2000余名演职人员历时一年多,用饱满的热情和不懈的努力为河南大学百年庆典画上了一个圆满的句号。

据悉,本台晚会总导演周崇山是我校1978级校友,中国著名导演,长期以来在舞台、广场、影视等诸多艺术门类里颇有建树,属典型的跨界复合型导演,尤以执导大型广场主题艺术晚会而在国内享有盛名。他的代表作品有:第五届、第十届、第二十届大连国际服装节开幕式,第五届国际少林武术节开幕式,中国首届高交会开幕式,第十八届世界客属恳亲大会闭幕式,世界宁波人大会开幕式,电视剧《无声的小溪》等。

(原载《河南大学报》2012年9月30日)

IAUP 暨 AUAP 高等教育国际化论坛隆重举行

杨利娟　宋新亚　葛俊杉

金秋时节,硕果飘香。9月24日上午,由世界大学校长联合会(IAUP)与亚太大学联合会(AUAP)联合主办、河南大学承办的"IAUP 暨 AUAP 高等教育国际化论坛"在开封开元名都大酒店隆重举行。来自国内外17个国家和地区的四十余所知名大学校长、专家学者等七十余人汇聚一堂,围绕"协同创新、共享未来"这一主题对高等教育的国际化发展展开讨论。河南省人民政府副省长徐济超、IAUP 主席 Neal King、AUAP 主席 Prasart Suebka、我校校长娄源功、国家外专局教科文卫专家司司长夏兵、IAUP 候任主席 Toyoshi Satow、AUAP 秘书长 Ruben C. Umaly、国家外专局科教文卫司副司长雷风云、我校副校长宋纯鹏在主席台就座。开幕式由宋纯鹏主持。

开幕式前,徐济超在娄源功、宋纯鹏陪同下会见了世界大学校长联合会主席 Neal King 和亚太联盟主席 Prasart Suebka 一行。

娄源功在开幕式上致辞。他代表学校向各位来宾表示欢迎,并简要介绍了我校的发展现状。他说,建设创新型国家需要依靠高素质的创新型人才,培养创新型人才,是经济全球化发展的迫切要求,是高等教育国际化理论体系的不断丰富和发展,也是高等教育对人类文明发展所作出的贡献。本次会议的召开,对促进协同创新、加快河南大学国际化步伐具有重要的意义。我们也期待着与世界各大学建立友好、长期、稳定、有效的合作关系,共享高等教育国际化的美好明天。

Neal King 在致辞中向我校百年校庆表示祝贺。他说,当今复杂的国际社会要求我们具有强大的领导力和远见卓识,作为教育者,我们需要建立起跨文化和地理的沟通交流的桥梁,为所有世界公民带来更好的生活。

Prasart Suebka 对河南大学百年校庆表示祝贺。他说,河南大学近年来在国际舞台上所展现出的灵活性、积极性和创造性得到了世界的认可,希望所有成员能够相互理解、相互尊重、加强合作,把各自最优势的方面用于合作,进而更好地解决各自的社会问题,满足社会的需要。

夏兵在讲话中说,本次论坛云集了国内外高等教育领域的顶级专家和学者,希望大家借此机会对中国以及世界高等教育国际化问题进行深度剖析,共同探索教育体系改革和海外博士引进等学科建设中的热门话题,期待与会者为中国改革开放及高等教育创新提供宝贵的意见。

徐济超代表河南省人民政府对各位来宾表示欢迎,并简要介绍了我省的发展现状和河南大学的历史。他说,教育的对外开放是我省对外开放的重要组成部分,近年来广泛深入的国际合作加快了我省经济发展。利用国外的教育资源、借鉴先进的办学和管理经验对于我们研究教育体系、办学格局和管理方式的改革起到了推动作用。我省教育要实现快速健康的发展,就必须同世界其他各国互相交流、互相了解、互相借鉴并共同探讨未来的发展战略和思路,努力做到共同进步、共同繁荣。本次论坛的召开对于河南大学新的百年发展具有重要意义,对于提高我省高等教育国际化水平将起到重要的推动作用,对于中原经济区建设乃至全面的发展也将产生积极的影响。

开幕式后,与会来宾愉快地合影留念。

在接下来的三场主题发言中,我校校长娄源功、格鲁吉亚高加索大学校长 Kakha Shengelia、马来西亚卡班萨安大学副校长 Datuk Noor Azlan、澳洲维多利亚大学校董会主席 George Pappas、美国国际大学孟加拉大学分校校长 Garmen Lamagna、AUAP 前主席 Wibisono Hardjopranoto、苏州大学党委书记王卓君、墨西哥 CETYS 大学联盟校长 Fernando León García、美国加利福尼亚长滩州立大学校长 F. King Alexander、国家外专局教科文卫专家司副司长雷风云围绕大会主题,分别就协同合作、人才培养、学校建设等方面进行了深入探讨,就大家所共同关心的问题展开讨论、交换意见与看法。

当天下午,在由宋纯鹏主持的闭幕式上,亚太大学联合会秘书长 Ruben C. Umaly 向河南大学在亚太大学联合会发展过程中所给予的大力支持表示感谢,并恭祝河南大学百年华诞。世界大学联合会候任主席 Toyoshi Satow 充分肯定了本次会议在促进协同创新和高等教育国际化发展等方面作出的卓越贡献。

宋纯鹏在闭幕辞中代表河南大学向本届论坛取得圆满成功表示祝贺,向热心参与本次论坛并作出积极贡献的各方人士表示感谢。他说,本次论坛取得的丰硕成果和提出的协同创新的相关措施,必将对高等教育国际化合作发挥重要的作用。他诚邀来宾参加学校百年校庆活动,共襄盛典。

闭幕式结束后,宋纯鹏代表学校接受了 AUAP 主席 Prasart Suebka 等与会代表赠送的礼物。

据悉,23日晚,我校在开元名都大酒店举办欢迎酒会,全体在校领导与会。校党委书记关爱和、校长娄源功代表学校接受了与会来宾对我校百年校庆的祝贺及赠礼。

(原载《河南大学报》2012年9月30日)

河南大学化工产业协同创新联盟成立仪式举行

万合利　王振国

9月23日上午,由校科研处和化学化工学院共同主办的河南大学化工产业协同创新联盟成立仪式在我校金明校区计算机大楼报告厅举行。成立仪式上,产业协同创新联盟成员共同探讨大学、政府、研究所和企业的协同创新之路,并为河南大学百年华诞献礼。河南省科技厅党组书记黄布毅,开封市副市长陈国桢、马璞,省科技厅、发改委、工信厅、审计厅的相关部门负责同志,校领导关爱和、宋纯鹏,创新联盟各企业、研究所和大学代表,以及化学化工学院回校校友、全体教师、学生代表、离退休教师代表等与会。仪式由化学化工学院党委书记王明钦主持。

校党委书记关爱和代表河南大学全体师生向来自省内外的化工行业专家、知名企业家和广大校友的到来表示热烈欢迎与诚挚问候。在简要回顾了我校走过的100年发展历程之后,关爱和说,现在河南大学正坚定不移地朝着加快创建国内一流大学、努力实现百年名校振兴的发展目标迈进。化学化工学院作为河南省成立较早、规模较大的院系之一,在产、学、研、用方面与各地企业一直有着良好的合作关系。化学化工学院与知名研究所和企业强强联手,优势互补发起成立的河南大学化工产业协同创新联盟,必然会有效地促进社会创新资源整合,进一步推动我省化工行业迈向一个新的台阶。

黄布毅在回顾了胡锦涛主席提出的"协同创新"的重要思想之后表示,创新联盟的成立是落实"协同创新"思想的重要举措。她希望联盟各方能贯彻"协同创新"思想内涵,找准切入点,以创建一流为目标,立足河南、面向全国、走向世界,不断扩大协同创新联盟的影响力,促进创新联盟的可持续发展。她还表示,河南省科技厅将会全面支持创新联盟的发展,以服务中原经济区的建设。

陈国桢表示,开封市人民政府将加强协同创新体制、机制探索,借鉴国内外成功经验,进一步整合资源,强化协同创新意识,改善协同创新环境,搭建协同创新平台,协调产学研各方利益,使开封市在助推中原经济区建设中发挥更大作用。

科研处处长苗琛与联盟各参加单位的代表在联盟协议书上签字。河南大学化工产业协同创新联盟由17家化工企业、科研机构和河南大学共同组建,根据初步协议,联盟企业将通过共建研发机构、资助创新项目、设立奖学金、委托人才培训等方式,出资1100余万元,支持河南大学化学化工学院发展。

黄布毅、陈国桢、宋纯鹏等共同为由河南大学与开封市化工行业协会共建的"化工设计与发展战略研究院"揭牌。宋纯鹏向河南煤化集团中原大化董事长陈国平等四人颁发了河南大学兼职教授聘任证书。

河南煤化集团研究院副院长蒋元力教授,昊华骏化集团有限公司董事长汤广斌教授,中科院过程工程研究所所长张锁江教授作为协同创新联盟企业代表、研究所方代表分别发表讲话,他们相信协同创新联盟的成立必将促进经济与社会的共同发展。

另悉,在此仪式上,化学化工学院86级校友、江苏亚邦投资控股集团总经理杨建等校友,化学化工学院退休教授李丙寅还分别捐款,回馈学院,表达爱心。杨建代表校友及捐赠方发言,深情回忆了母校老师对自己的谆谆教导。

(原载《河南大学报》2012年9月30日)

河南大学"隆重、务实、节俭、有序"庆百年华诞

郭久辉

百年老校,40万硕果。河南大学校友25日欢聚一堂,热烈庆祝他们就学的母校迎来百年华诞。连日来,上百场各类学术交流会、研讨会、主题活动、校友自编自演的文艺节目,使这所高校的校庆活动丰富多彩。

为迎接百年校庆,河南大学今年初就确定了"隆重、务实、节俭、有序"办校庆的原则,校庆活动突出学术性、文化性和社会性。以学术为核心,河南大学邀请国内外专家、学者,举办各类学术研讨会、交流会和专家论坛上百场;开展了"百年河大"系列丛书及画册编印,制作了专题片,重新布置了校史馆、校博物馆;举办了校友书画作品展;由河南大学师生和校友自编自导自演的主题庆典晚会、交响音乐会和声乐专场演出,精彩纷呈,所有演职员都是义务演出。

河南大学校庆期间,众多校友和社会热心人士纷纷通过河南大学教育基金会,捐设奖学金、助学金、捐建校园基础设施和教学设备等。河南大学教育基金会理事长、河南大学党委书记关爱和介绍:"基金会去年成立以来,尤其是近几个月,广大校友和社会爱心人士踊跃捐赠,总额已超过1.5亿元,充分体现了校友和社会各界对河南大学振兴百年名校的期望,我们会按捐赠人的意愿,把这些资金用好,以百年校庆为契机,努力提升教育质量。"

河南大学肇始于1912年河南留学欧美预备学校,是中国成立最早的大学之一,先后9次易名,历经中州大学、河南中山大学、省立河南大学,1942年成为当时国内实力雄厚、享誉海内外的"国立"大学之一。新中国成立后,经院系调整,河南大学衍生出河南农业大学、河南医科大学、河南政法管理干部学院等高校。后经河南师范学院、开封师范学院、河南师范大学等阶段,1984年恢复河南大学校名,发展至今。

改革开放以来,河南大学继承百年办学传统,加强学科建设、培养与引进高层次人才、建设新校区,如今成为一所拥有文、史、哲、经、管、法、理、工、医、农、教育、艺术等12个学科门类的综合性大学,设有34个学院(部)、87

个本科专业、42个硕士学位授权一级学科点、18个硕士专业学位点、12个博士学位授权一级学科、15个博士后科研流动站,全日制在校生达5万多人。

  2008年10月,河南大学步入省部共建高校行列。2011年6月,河南省委、省政府出台《百年名校河南大学振兴计划》,明确了河南大学今后十年的发展目标。2011年9月,国务院颁布《关于支持河南省加快建设中原经济区的指导意见》,其中明确提出"支持河南大学创建国内一流大学"。

(原载《中国日报》2012年9月25日)

河南大学庆祝建校百年

刘先琴 常 钦

今日上午,河南大学百年校庆庆典活动在河南大学校园礼堂举行。在大会上,河南大学校长娄源功说,在中华民族复兴进程中,河南大学一直秉持"明德,新民,止于至善"的校训,历经百年沧桑,见证了现代教育的伟大历程。

河南大学党委书记关爱和表示,今日的河南大学,植根中原文化沃土,继承百年办学传统,现有文、史、哲等12个学科门类,34个学院(部)、42个硕士学位授权一级学科点、12个博士学位授权一级学科、15个博士后科研流动站,全日制在校生达5万多人。

(原载《光明日报》2012年9月26日)

河南大学庆祝建校 100 周年

陈 强

今天上午,坐落在千年古都开封的河南大学数万名新老校友欢聚一堂,共同庆祝河南大学建校 100 周年。全国人大常委会副委员长蒋树声、河南省委书记卢展工、河南省省长郭庚茂、教育部党组成员顾海良等出席庆祝大会。

河南大学起始于 1912 年创办的河南留学欧美预备学校,1942 年改为国立河南大学,成为拥有文、理、工、农、医、法等六大学院的综合性大学,是当时学术实力雄厚、享誉国内外的国立大学之一。2008 年,河南省人民政府和教育部签订共建协议,河南大学正式进入省部共建高校行列。

建校百年来,河南大学已培养了 40 余万名各类专门人才,已成为拥有 12 个学科门类的综合性大学。

(原载《中国教育报》2012 年 9 月 26 日)

河南大学喜迎百年校庆

潘志贤　姚亚楠

9月25日,位于古都开封的河南大学迎来百年华诞。

河南大学肇始于1912年创办的河南留学欧美预备学校,当时与清华学堂、南洋公学(现上海交大)同为中国的三大留学基地。该校历经中州大学、河南中山大学、省立河南大学,1942年升为国立河南大学,是当时国内实力雄厚、享誉海内外的"国立"大学之一。新中国成立后,经院系调整,河南大学衍生出河南农业大学、河南医科大学、河南政法管理干部学院等高校,一些院系被并入武汉大学和中南财经政法大学等高校,后经河南师范学院、开封师范学院、河南师范大学等阶段,1984年恢复河南大学校名,发展至今。

百年来,河南大学严守"明德,新民,止于至善"的校训,共培养了40多万名优秀人才。该校目前全日制在校生达5万余人,拥有以两院院士、长江学者等为代表的高层次师资队伍。改革开放以来,河南大学继承百年办学传统,加强学科建设、培养与引进高层次人才、建设新校区,如今成为一所拥有文、史、哲、经、管等12个学科门类的综合性大学。

(原载《中国青年报》2012年10月2日)

河南大学迎百年华诞　温家宝题词

张清俐

9月25日,河南大学建校100周年庆祝大会在开封举行。来自海内外5000余位嘉宾、校友、师生代表相聚开封,庆祝河南大学百年华诞。

中共中央政治局常委、国务院总理温家宝为河南大学百年华诞题词:"办好河南大学,振兴中原教育。"中共中央政治局常委、全国政协主席贾庆林,中共中央政治局常委李长春,中共中央政治局常委、国务院副总理李克强,中共中央政治局委员、中央书记处书记、中宣部部长刘云山,中共中央政治局委员、国务委员刘延东致信祝贺。

全国政协副主席、中国社会科学院党组书记、院长陈奎元为河南大学题词"植根中原文化高地　培养当地建设人才",祝贺河南大学建校百年。

河南大学肇始于1912年的河南留学欧美预备学校,是中国成立最早的大学之一。她先后九次易名,历经中州大学、河南中山大学、国立河南大学等阶段。在1952年全国高校院系调整过程中,河南大学改为师范性质院校,后经河南师范学院、开封师范学院、河南师范大学等阶段,1984年恢复河南大学校名,发展至今。

河南大学校长娄源功在庆典上提出,未来办好河南大学,核心是培育英才,定位是服务中原,重点是学科强校,方略是高端突破,关键是社会支持。河南大学将紧紧围绕创建国内一流大学的奋斗目标,不断取得事业发展的重大突破,实现百年名校的全面振兴。

(原载《中国社会科学报》2012年9月28日)

温家宝题词　贾庆林、李长春、李克强、刘云山、刘延东等致信祝贺

河南大学建校一百周年庆祝大会隆重举行

蒋树声讲话　卢展工等出席　郭庚茂致辞

平　萍　张建新　童浩麟　惠　婷

百年耕耘立德立言广植桃李满天下，世纪创业兴教兴国喜看英华遍神州。9月25日上午，河南大学建校100周年庆祝大会在河大礼堂隆重举行。中共中央政治局常委、国务院总理温家宝为河南大学百年华诞题词："办好河南大学，振兴中原教育。"中共中央政治局常委、全国政协主席贾庆林，中共中央政治局常委李长春，中共中央政治局常委、国务院副总理李克强，中共中央政治局委员、中央书记处书记、中宣部部长刘云山，中共中央政治局委员、国务委员刘延东致信祝贺。

为河南大学百年校庆题词或发来贺信的还有全国人大常委会副委员长路甬祥、韩启德，中央军委委员、国务委员兼国防部长梁光烈，全国政协副主席陈奎元、陈宗兴，原中共中央政治局委员、中央军委副主席、国务委员兼国防部长迟浩田。教育部也发来贺信。

全国人大常委会副委员长、民盟中央主席蒋树声出席会议并讲话，省委书记、省人大常委会主任卢展工，省委副书记、省长郭庚茂，教育部党组成员顾海良，全国政协教科文卫体委员会副主任王全书，省领导刘春良、储亚平、蒋笃运、徐济超、张广智、孔玉芳、李英杰、龚立群、梁静、张亚忠、高体健和省政协原副主席李润田等出席会议。

上午10时，庆祝大会在庄严的国歌声中开幕。大会首先宣读了温家宝、贾庆林、李长春、李克强、刘云山、刘延东同志的题词及贺信。

蒋树声向河南大学全体师生员工和海内外校友表示热烈的祝贺。他指出，河南大学是一所老校，也是一所有着爱国革命传统和追求科学进步的名校，100年来，为推动社会进步不懈努力，为国家培养了一大批优秀人才，也为我国高等教育作出了重要贡献，有着重要的地位和作用。百年华诞，是河南大学发展的里程碑，也是未来发展的新起点，既面临机遇，又面临挑战。希望河南大学一定要以提升人才培养水平为核心，以增强科学研究能力为关键，以服务经济社会发展为导向，以实现文化传承创新为己任，坚持走内涵式发展道路,实现由"大"到"强"的历史跨越。

蒋树声指出,大学精神是一所大学在多年办学过程中积淀下来的优良传统、精神追求、价值取向和文化氛围,包含了大学的科学精神、人文精神、创新精神和批判精神等,形成了一种学术自由、知识创新和严谨治学的学术环境。它看不见,摸不着,但它在校园无处不在,潜移默化地影响着每个人。进入新的百年,希望河南大学一定要牢记弘扬大学精神,办好河南大学,振兴中原教育。

郭庚茂在讲话中首先代表省委、省政府,向河南大学全体师生员工和海内外广大校友表示热烈的祝贺,向长期以来关心支持河南大学建设和河南高等教育事业发展的社会各界人士表示衷心的感谢。他说,河南大学是我国为数不多的百年老校。100年来,河南大学植根中原沃土,栉沐风雨而茁壮,历经沧桑而弥坚,名重中原,享誉海内外。100年来,河南大学恪守"明德,新民,止于至善"的校训,培养了数以十万计的优秀人才,产生了众多政坛精英和学术大家及商界巨子。100年来,河南大学追求进步、报效国家,奋勇走在时代前列,始终与祖国同呼吸、共命运。100年来,河南大学与时俱进、奋力开拓,尤其是在当今河南高等教育改革中,勇立潮头,敢于担当,不断革故鼎新。百年河大,历经世纪风雨和改革开放的洗礼,已经成为国内有重要影响的综合性大学,百年积淀蕴藏的巨大潜力日益发挥,核心竞争力显著提高,服务中原崛起河南振兴能力不断增强。特别是近年来,河南大学抢抓机遇,快速发展,办学实力不断增强,在人才培养和科学研究等方面取得了丰硕成果,为河南经济建设和社会发展作出了重要贡献。

郭庚茂指出,当前,河南正处于历史上最好的发展时期,经济社会发展总体持续、总体提升、总体协调、总体有效,保持了好的趋势、好的态势、好的气势。尤其是去年9月,国务院出台了《关于支持河南省加快建设中原经济区的指导意见》,中原经济区正式上升为国家战略,河南在全国发展大局中的战略地位进一步提升,迎来了加快跨越发展的难得的历史机遇,也为河南高等教育事业发展带来了重大机遇,为广大青年学子施展才干拓展了广阔空间。

郭庚茂强调,加快中原经济区建设,科技是关键,人才是核心,教育是基础。希望河南高校肩负起全省亿万人民的热切期盼,肩负起实现中原崛起河南振兴的神圣使命和历史责任,坚持中国特色社会主义办学方向,为中原经济区建设培养和输送更多的优秀人才,创造和转化更多的科研成果,努力谱写河南高校服务经济发展和社会进步的新篇章。

郭庚茂表示,省委、省政府将进一步加大支持力度,为河南大学的建设和河南高等教育事业的发展提供更多的指导和帮助。希望河南大学认真总结建校百年来取得的成功经验,加快建设国内一流大学的步伐,早日实现百年名校振兴的宏伟目标。

顾海良代表教育部向河南大学全体师生员工及广大校友致以热烈的祝贺,向长期以来关心和支持高等教育改革发展的社会各界人士表示衷心的感谢,并对河南大学建校100年来在人才培养、科学研究、社会服务、文化传承创新等方面取得的可喜成绩以及为河南高等教育事业进步、为区域经济社会发展作出的重要贡献给予充分肯定。

顾海良说,2008年10月,教育部与河南省人民政府签订共建协议,支持河南大学进入省部共建高校行列。今后,教育部将一如既往关心和支持河南大学的改革、建设和发展,为河南大学创建有特色、高水平大学提供更多的支持和帮助。他希望,河南大学以100周年校庆为契机,深入贯彻落实胡锦涛总书记在清华大学百年校庆大会上的重要讲话精神和教育规划纲要,紧紧围绕提高质量这一核心任务,紧密结合国家战略及区域经济社会发展需要,坚定实施质量立校、学科强校、人才兴校、开放带动、依法治校发展战略,坚持内涵发展,突出办学特色,不断提高教育教学质量和办学水平,努力把河南大学建设成为我国中部地区高素质人才培养、高水平科学研究、高质量社会服务和中华文化传承创新的重要基地,为实施科教兴国战略和人才强国战略作出新的更大贡献。

兄弟高校代表、国外友好学校代表、校友代表、师生代表在会议上发言。

国家和省直有关部门负责同志、各省辖市有关负责同志、国内兄弟高校有关负责同志、国外友好学校代表、社会各界友好单位代表、企业家代表等1600余人参加庆祝大会。

(原载《河南日报》2012年9月26日)

"河大精神激励我们永不停步"

惠 婷　张建新　童浩麟

100年,40多万名毕业生,河南大学的学子遍及海内外,他们中有声名显赫的党政领导,有学贯中西的专家学者,也有许多普普通通的祖国建设者。9月25日,在河南大学百年校庆之时,他们中的很多人回到了母校。

94岁的梁建唐老先生坐着轮椅来参加校庆。他1939年至1943年在河大学习,"那正是抗战时期,学校在颠沛流离中坚持办学,我的大学时期就是在栾川潭头镇度过的"。做过编辑、当过教师的梁老先生回忆起潭头求学的艰辛和潭头人民的支持很是感慨:"我亲眼见证了河南大学成长的历程,希望河南大学办成一流的大学。"

王立群教授现在很"火"。这名央视《百家讲坛》著名主讲人有着双重身份,既是河大的学生,又是河大的教师。"一片神奇的土地"、"一片充满信念、充满憧憬、放飞理想的土地"、"一片精神栖息的净土",是他对母校的评价。他说,"明德,新民,止于至善"的大学精神随着时间的淘洗而历久弥新,成为几代人一贯的、不变的坚守。

"难忘十号教学楼师生互动时的其乐融融,难忘铁塔湖畔那孜孜不倦的求学身影。30年前母校的点点滴滴在我的脑海里无数次地再现。"人民日报驻联合国分社社长席来旺博士回到久别的母校感慨多多。他说,当河大校友在联合国总部讲授"汉字的起源与发展",当河大校友在美国拼搏事业有成及世界各地校友会的凝聚力日渐形成,更感到海外河大校友那种特有的母校情怀。

34岁的张志民是来自信阳的一名研究人员,事业蒸蒸日上。这名年轻的校友发现,离校越久,感悟越深:"在校期间不仅是学知识学文化,更重要的是学会做人,学会责任与担当。生生不息的河大精神将激励我们永不停步。"

(原载《河南日报》2012年9月26日)

<small>站在新的历史起点　实现百年名校振兴</small>

河南大学举行建校 100 周年庆祝大会

<small>温家宝、贾庆林、李长春等题词发贺信
蒋树声、卢展工、郭庚茂等出席大会</small>

杨晓谜

一百年峥嵘岁月,一百年春华秋实。9月25日上午,"明德新民止于至善"、"猗欤吾校永无疆"等真挚慷慨的呼喊,不时回荡在古老建筑河南大学礼堂内,振奋着在场每一个人的灵魂。这是河南大学建校100周年庆祝大会的会场。

作为中原大地上建校时间最早、历史最为悠久、文化最为厚重的高校,河南大学走过风雨百年,如今已发展成为一所学科门类完备、文理学科为主、多学科协调发展、在国内具有重要影响的综合性大学。

值河南大学百年校庆之际,温家宝、贾庆林、李长春、李克强、刘云山、刘延东、梁光烈、路甬祥、韩启德、陈奎元、陈宗兴等国家领导题词或发来贺信,对河南大学的发展提出了殷切期望。温家宝总理亲笔题词:"办好河南大学,振兴中原教育。"贾庆林在贺信中希望河南大学"为服务河南省加快建设中原经济区,为实施科教兴国战略和人才强国战略作出新的更大贡献"。李长春寄语河南大学"全面提升办学质量,不断增强办学实力,加快建设国内一流大学"。

全国人大常委会副委员长、民盟中央主席蒋树声,河南省委书记卢展工、省长郭庚茂,教育部党组成员顾海良等出席河南大学建校100周年庆祝大会。来自国际17个国家和地区的70余所知名大学的校长和专家学者参加了本次活动。

蒋树声指出,百年华诞,是河南大学发展的里程碑,也是未来发展的新起点,既面临机遇,又面临挑战。希望河南大学一定要以提升人才培养水平为核心,以增强科学研究能力为关键,以服务经济社会发展为导向,以实现文化传承创新为己任,坚持走内涵式发展道路,实现由"大"到"强"的历史跨越。蒋树声同时希望河南大学"进入新的百年,还一定要牢记弘扬大学精神"。

郭庚茂说,百年河大,历经世纪风雨和改革开放的洗礼,已经成为国内

有重要影响的综合性大学。去年9月,国务院出台了《关于支持河南省加快建设中原经济区的指导意见》,其中明确提出支持河南大学创建国内一流大学。省委、省政府将进一步加大对河南大学的支持力度,也希望河南大学认真总结建校百年来取得的成功经验,加快建设国内一流大学的步伐,早日实现百年名校振兴的宏伟目标。

顾海良说,2008年10月,教育部与河南省人民政府签订共建协议,支持河南大学进入省部共建高校行列。今后,教育部将一如既往地关心和支持河南大学改革、建设和发展,为河南大学创建有特色、高水平大学提供更多的支持和帮助。他希望河南大学以100周年校庆为契机,突出办学特色,不断提高教育教学质量和办学水平。

世界大学校长联合会主席、美国索菲亚大学校长尼尔金在发言中说,"我们极为尊敬和认可河南大学的全球影响力"。他还认为,河大精神使师生们求知欲和上进心非常浓厚、强烈,这是很难得的核心竞争力。在国际化方面,河南大学应该能在中原占据引领性地位。河大在国际舞台上所展现出的灵活性、积极性和创造性已经得到世界的认可。

河南大学教授、中央电视台《百家讲坛》主讲人王立群以"双重身份"深情致辞母校:"今天我站在这里,最想要说的两个字是感谢——感谢母校的培养,因为我不仅是河南大学的一名教师,我,还有我的儿子,也都曾是河南大学的一名普通学生。"王立群说,河南大学给了他人生最初的信念和憧憬,正是凭着这份信念与憧憬,他踏上了追求梦想的征途。

在庆祝大会上,河南大学校长娄源功全面总结了河南大学的百年历程,形成了自强不息的大学精神,见证了现代教育的伟大历程,培养了治国兴邦的栋梁之材,奠立了开放办学的优良传统,铸就了爱国奉献的历史丰碑。办好河南大学,定位是服务中原,重点是学科强校,方略是高端突破,关键是社会支持。他强调,把河南大学建设成国内一流大学,不仅是党中央、国务院的要求,也是河南人民的嘱托,更是河南大学广大师生和校友的心愿。

据了解,为迎接百年校庆,河南大学今年年初就确定了隆重、务实、节俭、有序办校庆的原则,校庆活动突出学术性、文化性和社会性。以学术为核心,河南大学邀请国内外专家、学者,举办各类学术研讨会、交流会和专家论坛上百场;开展了"百年河大"系列丛书及画册编印,制作了专题片,重新布置了校史馆、校博物馆;举办了校友书画作品展;由河南大学师生和校友自编自导自演的交响音乐会和声乐专场演出,精彩呈,所有演职人员都是义务演出。

此外,河南大学校庆期间,众多校友和社会热心人士纷纷通过河南大学教育基金会,捐设奖学金、助学金,捐建校园基础设施和教学设备等。据河南大学教育基金会理事长、河南大学党委书记关爱和介绍:"基金会去年成立以来,尤其是近几个月,广大校友和社会爱心人士踊跃捐赠,总额已超过1.5亿元,充分体现了校友和社会各界对河南大学振兴百年名校的期望。我们会按捐赠人的意愿,把这些资金用好,以百年校庆为契机,努力提升教育质量。"

(原载《教育时报》2012年9月28日)

嵩岳苍苍,一部盛典铭古都;人才济济,百年学园庆华诞

各方共襄　创建国内一流大学

温家宝题词:办好河南大学,振兴中原教育
贾庆林、李长春、李克强发来贺信

王曦辉　杜　超　周　斌　王　灿　赵龙翱　邱萍萍

9月25日上午10点整,河南大学党委书记关爱和宣布:河南大学建校100周年庆祝大会开始!

全国人大常委会副委员长、民盟中央主席蒋树声,中共河南省委书记、省人大常委会主任卢展工,省委副书记、河南省人民政府省长郭庚茂,教育部党组成员顾海良,全国政协教科文卫体委员会副主任、原河南省政协主席王全书等人在台上就座。

省委常委、省委秘书长刘春良宣读了温家宝总理的题词——"办好河南大学,振兴中原教育"。他还宣读了党和国家领导人贾庆林、李长春、李克强发来的贺信。副省长徐济超宣读了刘云山、刘延东、梁光烈等领导人的贺信和题词。

A

百年华诞是里程碑

更是迈向未来的新起点

大会由河大党委书记关爱和主持,校长娄源功深情致辞。

娄源功简要回顾河大百年峥嵘的发展历史后说:"百年华诞,是河南大学发展的里程碑,更是迈向未来的新起点。"

"办好河南大学,定位是服务中原。一个优秀的民族,必然拥有能够折射本民族文化精髓的一流大学;一个有着古老文明的地区,也必然拥有能够代表本区域的著名学府。文脉即国脉,古今中外,概莫能外。河南大学位居中原,中原经济区是我们报效社会的宽阔舞台,要以服务求发展,以贡献求支持,肩负起推动人类文明进步、实现中华民族复兴的神圣使命。"

校长致辞赢得了阵阵掌声。

10年前就参加了河南大学90年校庆的世界大学校长联合会主席尼尔金在致辞中说:"河南大学是一所优秀的学校,在她的教育培养下,孕育出了诸多辉煌。今天我很荣幸带领诸多代表组成的访问团,来到这里共襄百年盛典,这些代表都来自世界上杰出的大学。我们极为尊敬和认可河南大学的全球影响力。所有河南大学的成员,生日快乐!"

B

多方支持河南大学创建国内一流大学

顾海良表示:"今后,教育部将一如既往关心和支持河南大学改革、建设和发展,为河大创建有特色、高水平大学提供更多的支持和帮助。"

郭庚茂在讲话中说:"百年河大,历经世纪风雨和改革开放的洗礼,已经成为国内有重要影响的综合性大学,百年积淀蕴藏的巨大潜力日益发挥,核心竞争力显著提高,服务中原崛起河南振兴能力不断增强。国务院《指导意见》明确提出支持河南大学创建国内一流大学。河南省委、省政府将进一步加大支持力度,也真诚希望国家有关部门和社会各界,为河南大学的建设和河南高等教育事业的发展提供更多的指导和帮助。"

C

40多万学子从河大踏上了追求梦想的征途

著名学者王立群温情的发言,说出了40多万河大人的心声:"我不仅是河南大学的一名教师,我,还有我的儿子,也都曾是河南大学的一名普通学生。河南大学,给了我人生最初的信念和憧憬,正是凭着这份信念与憧憬,我踏上了追求梦想的征途。从这里,我找到了坚实的支撑;从这里,我走向了三尺讲台;从这里,我找到了生活的价值;从这里,我发现了生命的精彩。今天我站在这里,最想要说的两个字是感谢——感谢母校的培养。"

武汉大学校长李晓红、93岁的化学系老生管守严、人民日报驻联合国分社社长席来旺博士及学生代表王振都在致辞中表达了母校的美好感情。

"嵩岳苍苍,河水泱泱,中原文化悠且长。济济多士,风雨一堂,继往开来扬辉光。四郊多垒,国仇难忘,民主是式,科学允张,猗欤吾校永无疆。"11时30分,庆祝大会在深沉悠扬的河大校歌声中结束。

(原载《大河报》2012年9月26日)

站在百年河大树梢上

王曦辉　杜　超　周　斌　王　灿　赵龙翱　李梦龙

百年时光,"明德,新民,止于至善"的大学精神虽历久而弥新,成为几代人的坚守;昨日庆典,校园里所有的声音都凝成一个旋律:"百年河大,百年树人。"

核心提示

昨天,百岁河南大学醒来得格外早——

天色刚亮,古都开封明伦街上的老校区,金明大道上的新校区,已经彩旗招展,花木缤纷,各个大路小径,响起欢快的招呼声和车轮沙沙响。

从世界各个角落回到母校怀抱的人们,按捺不住鼓荡已久的期待和憧憬,成群结伙,扶老携幼,从各个方向、各条街道,匆匆会聚到古老的明伦街上河南大学正门前,争取在这里以自豪的姿态迎接百年之日的新太阳。

老校区广场上,各种肤色、各样服饰、各层年龄、各种口音的人们,脸上都洋溢着同样的神色:自豪、欢快、惊喜、美丽。

第一乐章:回家——藏百般深情

母校是母亲,母校是家,母校是永恒的精神家园,母校是知识的殿堂,母校是社会良知的守望者。

82岁的河南大学大礼堂门侧,悬挂着一对巨幅楹联:百年耕耘立德立言广植桃李满天下,世纪创业兴教兴国喜看英华遍神州。礼堂门前的广场,成为欢乐洪流汇聚,5000多位校友返回母校,共同分享积蓄了百年的团聚快乐。

4位93岁以上的人瑞校友来了——郑州大学一附院教授、我国眼内异物研究的奠基人张效房回到了母校;他的同班同学、93岁的王励健从西安提前回来;93岁的化学系老生管守严,偕13名校友从台湾省台北市专程飞来;1943年毕业——94岁的经济系学子梁建堂坐着轮椅在家人陪同下兴奋而来。老友相见,说不完的心里话。

全国政协教科文卫体委员会副主任、原河南省政协主席王全书,副省长张广智迈着当年学生般恭敬、虔诚的步子走过来,与自己的学长、师弟师妹们亲热地握手、寒暄、交谈。

金发碧眼的国际友人、外教们则满怀新奇地抢镜留影,希图"沾沾喜气"。

一片片,一拢拢,节日盛装下的人们亲善亲爱,相看不厌。美丽的校园内喜气洋洋,所有的声音都凝成一个旋律——"百年河大,百年树人!"

72岁的周改华是开封文化职业艺术学院的一位老教师,她与丈夫在河大相识、相知、相恋,共同走过了多年的人生之路。此后,周改华一家的河大情缘并没有"止步",夫妻俩的两个孩子都先后毕业于河大。巧合的是,当儿子领媳妇进门时,周改华才知道,儿媳妇竟然也是河大的学生,念的是物理系。"我们家真可以说是'河大之家'了"。

张效房平静地告诉记者:"抗战时,河大只有文理医农四个学院,医学院每年级只有30个人。当年生活艰苦得很,但教授们非常认真,他们教导我们这些医科学生,一定要有高尚的人道主义,要永远善待病人,刻苦进行科学钻研,才能解救人类痛苦。"

接受采访时,管守严先生正襟危坐在为他准备的轮椅上。这位一口新蔡口音的老人告诉记者:"十年树木,百年树人。河南大学是河南第一所高等学府,百年来不断努力、不断发展,也不断地提升,造就了许许多多的人才,为国家社会服务贡献,为河大写下了光荣的历史。在百年校庆的光荣时刻,我要呼吁河大人再努力、再进步,让河南大学在已有的基础上,继续精进,为国家培养21世纪需要的人才。"

第二乐章:时光——阅百年答卷

河大曾大家云集。在以范文澜、冯友兰、冯景兰、罗章龙、郭绍虞、罗廷光、萧一山、樊映川、毛礼锐、姜亮夫、嵇文甫、任访秋、党鸿辛等一大批专家学者、院士为代表的名师执教下,河南大学已培养了40多万名各类专门人才。

在河大校友中,有34位成为院士,上百人担任或曾经担任过副部级以上的领导职务。不少校友如侯镜如、袁宝华、王国权、赵毅敏、尹达、邓拓、白寿彝、杨廷宝、高济宇、姚雪垠、周而复、吴强、马可、赵九章、梁光烈等都成为蜚声中外的社会名家……

翻开校史,河大已经为河南高校创造了许多个"第一":河南第一个留美预科学校;河南第一所国立大学;河南高校首个设立国家重点实验室,培养出河南第一批长江学者;中国首个地方高校教育发展基金会;河南第一家综合性"国际教育中心",河南高校中首个在美国大学校园设立孔子学院……

曲令敏是77级中文系毕业生。她说,这与学校严谨的学风不无关系。她回忆说,作为恢复高考后的第一届,当时的河大学习氛围不亚于现在的高三,图书馆每天都是爆满状态,中午要到食堂吃饭,就用坐垫占着座位。晚上闭馆了就回寝室点起煤油灯继续看书,还有同学因此烧着了蚊帐,以至于辅导员每天都在为寝室的安全操心。

河大新闻与传播学院研究生李文渊说:"河大给人的印象可能是古朴典雅,但是正是这座学校的不时髦,才给我一个机会沉淀自己。只有老校才可能有这种境界。河大很像一棵大树,树想要长得高,必须把根扎得很深,我很高兴,自己可以站在大树的梢上,看得很远。"

第三乐章:多元——展百种风采

诞生于东西方文化碰撞交融之中的河南大学,建校之初,即开风气之先,内聚青年才俊,外纳先进西学,以三分之一的外教和西学课程,掀开了前瞻开放的历史首页。

A

让河大学子不出省就能留学

高等教育国际化是21世纪高等教育的主要趋势,今日的河大加快了国际化的步伐。

河大党委书记关爱和说,学校一直把开放办学作为重要发展战略,在与中国科学院、中国社科院等国内知名科研机构进行合作的同时,与100多所国外高校建立了友好合作关系,成为世界大学校长联合会和亚太大学联合会成员……

"正是这种持续的国际化办学实践,赋予了河南大学宽阔的国际视野和深邃的世界眼光,为中华文化国际传播和中原儿女走向世界开启了一扇重要窗口。"河南大学校长娄源功说。

9月24日,作为河大百年校庆的学术活动之一的世界大学校长联合会(IAUP)暨亚太大学联合会(AUAP)高等教育国际化论坛在开封举行,来自17个国家和地区的大学校长、负责人70多人参加了论坛。来自各国的校长也为河南高等教育"走出去"和"迎进来"支招。

"河南大学最开始的名字就是河南留美预科学校,当时和清华大学、复旦大学并列为国内3所承担海外预备留学生教育的大学。"娄源功说,河南大学的国际化教育渊源很早,贯穿办学始终。"我们希望能培养一大批具有全球眼光和国际视野的高素质人才,为河南省加快中原经济区建设提供强大动力。"

"我们将和这些高校共建物流、汽车、软件、传媒、生物、武术等十个学院,让学生不出国、不出省就能'留学'。"娄源功说,河南大学国际学院今年6月已在郑州龙子湖高校园区奠基,现在正在建设中。该学院将与俄罗斯圣彼得堡国立大学等世界500强高校开展合作。

B

人群中的志愿者身影

河大的这种多元化办学受益的自然是广大师生。回到母校的老校友们都说,河大年轻学子的精气神让人印象深刻。

李铭是河大的一名大三学生,是校庆期间的一名志愿者。为了做好志愿服务,包括李铭在内的4000名志愿者,历时3个多月,通过导游知识、技能培训、礼仪常识和结业考核等,最终满怀信心地站在了志愿者岗位上。

"我们有'野心',希望能像北京奥运会的志愿者一样,不求得到金牌,但希望用3个多月的付出换来所有人对母校的赞美。"志愿者付丹宇说,她正读研究生一年级,此前已在河大连续做了4年的志愿者,参加了学校组织的大小上百次志愿服务。

2011年8月,付丹宇成为全国第13届研究生支教团、河大第6届研究生支教团成员,前往甘肃省酒泉市瓜州县源泉小学支教一年。能得到这样的机会,基于她连续4年在河大青年志愿者协会从事学生工作,并先后获得省级三好学生和省级优秀学生干部。

"没有河大,没有青年志愿者协会,我根本没机会为那么多聋哑儿童、孤寡老人和西部小学服务。"谈到4年来在河南大学的求学感受,付丹宇脱口而出:"开放!让我觉得读大学,不仅是读书,更是在这样一个环境中冶炼自己的品格和能力,让一个学生开始与社会融合。"

第四乐章:憧憬——怀百倍信心

校庆是一个节日,欢歌笑语;校庆是一次聚会,盛满回味;校庆是一个总结,检阅成绩;校庆更是一个起点,放飞理想。

在长达一个世纪的办学历程中,河大虽6易校址、9易校名,却仍挺直傲骨,扎根于河南这片土地上,一代代的河大人亲眼见证了河大发展史上这一座座新的里程碑。

新的百年画卷已经徐徐打开,河大人将会如何描绘?

总理殷切嘱托"办好河南大学,振兴中原教育"!

昨日的大会上,教育部,河南省委、省政府都明确表态,今后将会一如既往关心和支持河南大学改革、建设和发展,为河南大学创建有特色、高水平大学提供更多的支持和帮助,努力把河南大学建设成为我国中部地区高素质人才培养、高水平科学研究、高质量社会服务和中华文化传承创新的重要基地。

坐在主席台正中央的全国人大常委会副委员长、民盟中央主席蒋树声频频点头,他深情寄望进入新百年的河大要牢记弘扬大学精神。他说,大学精神是一所大学在多年办学过程中积淀下来的优良传统、精神追求、价值取向和文化氛围,包含了大学的科学精神、人文精神、创新精神和批判精神等,形成了一种学术自由、知识创新和严谨治学的学术环境。它看不见,摸不着,但它在校园无处不在,潜移默化地影响着每个人。他借用温家宝总理对河南大学的嘱托说道:"办好河南大学,振兴中原教育!"

◎ 专访

尼尔金:美国索菲亚大学校长、世界大学校长联合会主席
"在国际化方面,河南大学应该能占据引领性地位"

美国索菲亚大学校长、世界大学校长联合会主席尼尔金博士的日程安排得很满,以至于他都没有到自己非常神往的河大新校区转转。

这位老朋友首次访问河大,在 2000 年。庆典大会结束,他接受了本报记者的专访。

他郑重地说:"我知道河南大学是一所非常优秀的学校,在它的教育培养下,孕育出很多辉煌。昨天,由河大主办的'IAUP 暨 AUAP 高等教育国际化论坛'上,我曾说,当今复杂的国际社会要求我们具有强大的领导力和远见卓识,作为教育者,我们需要建立起跨文化和地理的沟通交流的桥梁,为所有世界公民带来更好的生活。在论坛上,河大校长娄源功先生做了主题发言,令人鼓舞。"

尼尔金说,美国的百年高校,屈指可数,有哈佛、斯坦福等,"河大九十年、百年校庆,我是'追风'而来。河大精神,使师生们求知欲和上进心非常浓厚、强烈,这是很难得的核心竞争力。在国际化方面,我认为,河南大学应该能在中原占据引领性地位!河大在国际舞台上所展现出的灵活性、积极性和创造性得到世界的认可"。

乔治·帕帕斯：澳大利亚维多利亚大学董事会主席
"河大的国际胸怀和视野也是我们该学习的"

澳大利亚维多利亚大学董事会主席乔治·帕帕斯是一位宽厚的绅士。庆典大会结束后,他还想沿着校园溜达一圈儿,却被记者"温柔"地阻断了。

须眉都已发白的乔治·帕帕斯说:"我虽然是平生第一次来到古老大地上的河南大学,但我们与河大在国际教育方面已有10年合作。"前段时间,国际教育学院举行了10年院庆,维多利亚大学校长彼得·道金斯先生参加了该庆典。"我接触了一些河大学生,他们聪慧、沉稳,为自己经历过的古都、老校历史和专业背景非常自豪。"

令乔治·帕帕斯感动和自豪的是,数以百计的河大学生留学墨尔本维多利亚大学,为该校的学术氛围和校园生活增添了更多的光彩。他透露,随着中澳合作关系逐渐加深,维多利亚州州长宏·泰德·贝利厄在上一周,带着他们最大的贸易任务来到了中国,"他宣布,该任务的一部分,就是一系列的博士奖学金项目,其中有两项来自维多利亚大学,专为我校在华合作大学的学生而设立,这应该也是河南大学合作生的一种'利好'"。

他说,河大的国际胸怀和视野,是维多利亚大学应该学习和仿效的。

金·亚历山大：美国加利福尼亚州立大学校长
"能与河南大学成为合作院校,荣幸之至！"

如果你想看到比施瓦辛格还帅的美国大学校长,那就仔细看看金·亚历山大博士吧！

美国加利福尼亚州立大学校长金·亚历山大博士,年轻得令人生疑。但说起话来,却颇有历史感。在镜头嚓嚓作响的拥围下接受采访,他却没有感到"鸭梨山大"。

百年校庆的徽章在衣领上闪闪发光,午间的太阳使他感到温煦:"河大校园真的非常棒,无论是充满故事和传说的老校园,还是青春恣肆的新校区,这是一个非常棒的大学城。"

金·亚历山大告诉记者,加利福尼亚州立大学建立于1949年,"和你们的新中国一样年龄",毕业于牛津大学的他尤其惊叹,河大培养出近150人现任职于省部级领导层——由此可见河南大学对于中国乃至世界贡献巨大。

谈到国际化,他说:"我认为,当今学生不仅需要专业学科领域的知识和技巧,更需要对国外文化、习俗以及语言,有更深入的了解和学习。我们的学生必须获得在全新的国际环境中竞争并脱颖而出的能力。河南大学国际化发展付出了巨大的努力和贡献,令人赞赏。"

金·亚历山大对河大相当熟悉:"河南大学现在与世界上超过40个国家和地区的80多所院校有合作关系,并加入世界大学联合会以及亚太大学联合会,展现出该校发展国际化教育事业的不懈努力,我可以对记者很自豪地说——我校,加利福尼亚长滩州立大学,能与河南大学这样的百年老校成为合作院校,荣幸之至!"

回顾河大百年,我们倍感自豪

面对党和国家领导人语重心长的嘱托,面对海外友人与全省人民情真意切的期望,河大人很动情!

国家级名师王立群说,河大是一片充满信念、充满憧憬、放飞理想的土地,更是一片精神栖息的净土,河大的明天一定会更加辉煌美好。

"回顾河南大学百年历程,我们倍感自豪和骄傲;展望河南大学美好明天,我们充满信心和力量。"河大党委书记关爱和语气坚定,他说:"我们一定以百年校庆为契机,加快高水平大学建设步伐,努力办好河南大学,振兴中原教育,为实现中原崛起和民族复兴作出新的更大贡献。"

(原载《大河报》2012年9月26日)

5000多位校友聚首母校 河南电视台现场直播河大百年校庆典礼
漂洋过海来庆你百岁华诞 我的河大
赵 媛 刘长征

昨天上午,河南大学隆重举行建校100周年庆祝大会,河南电视台进行了现场直播。来自海内外的5000多位河大校友聚首母校。红地毯,红标语,连志愿者的衣服也是红色的,校园内外都洋溢着喜庆的气氛。从20岁的在校学生,到93岁的老教授,无论来自开封还是台湾,大家脸上都流露着兴奋和期待。他们有一个共同的名字——河大校友。

【校友特写】

"奶奶级师姐"坐17小时火车回母校

9月25日一早,开封明伦街上的河南大学老校区内外,成了欢乐的海洋。古朴的大礼堂外,一副对联饱含着校友们献给母校的心声:"世纪创业兴教兴国喜看英华遍神州,百年耕耘立德立言广植桃李满天下。"

满头白发的牛秀兰是国立河南大学地理系1959年的毕业生,今年已80岁。为了见证河大百年校庆,她独自从甘肃天水坐了17个小时的火车来到郑州,又坐汽车赶到开封。当她进入河大,看到校园里一拨拨20多岁的大学生时,忍不住拉着他们的手说:"你们都是我的师弟、师妹啊。"当得知这位"奶奶级师姐"毕业于53年前,大学生们忍不住发出一阵阵惊叹。

78岁师弟抓拍88岁师兄的笑脸

昨天上午,河南大学明伦校区南门广场上,88岁的孙天伸拄着拐棍,在广场上走走停停。他是1950年河大农学院毕业生。家住开封的他始终未曾远离母校,昨天早上,他坚持让亲人用轮椅把他送来,他要看一看河大百岁的模样。

在孙天伸身后,78岁的黄保信举着相机,想为他拍张照片。

"我想拍出老校友们喜悦兴奋的心情。"1961年从河大历史文化学院毕业的黄保信当年入校时,铺天盖地的大字报将大学生们卷入了反右派运动的漩涡。他们白天学习,晚上拉粪去城北郊种田,还在学校东操场上大炼钢铁。

"河大文化底蕴深厚,是个读书的地方。"黄保信说,老师即使被打成"反动学术权威",仍然兢兢业业地教学。

【书记校长发言】

百年名校迎来发展"黄金期"

河南大学肇始于1912年河南留学欧美预备学校,是中国成立最早的大学之一。

她先后九次易名,历经中州大学、河南中山大学、省立河南大学,1942年升为国立河南大学,是当时国内实力雄厚、享誉海内外的国立大学之一。

如今,河南大学已成为一所拥有12个学科门类的综合性大学,设有34个学院(部),87个本科专业,42个硕士学位授权一级学科点,12个博士学位授权一级学科点,15个博士后科研流动站。全日制在校生达5万余人。

"河大的过去很辉煌,群星灿烂,但我们不能总回忆过去,站在新百年的起点,河大该何去何从?"河南大学党委书记关爱和在为百年校庆忙碌时,他更多思考的是下一个百年河大的奋斗方向。

在河南大学校长娄源功看来,中原经济区建设也为河大带来了发展的契机,河大已进入发展的"黄金期"。

关爱和说,中原经济区建设是河大在新百年发展的一个支点,河大要面向世界,面向未来,挺起河南高等教育的脊梁。

【今报见证】

《百年情缘·河大一家亲》报道真抢手

在河大大礼堂门口,记者带来的东方今报《百年情缘·河大一家亲》也成为校友争抢的"宝贝",上演了一幕"洛阳纸贵"。一份份报纸在校友手中传阅,很多人拿住就舍不得放下。

"你们选的这个点很难得,全国能有几所大学有这么多的一家几代同求学于一所高校的'一家亲'校友,每家的故事都感人至深,过目不忘。你们写的李嘉言、任访秋都是我们当年的老师,看到文章,恩师又在眼前。"河大60届中文系校友郭树艺再三要给记者留下地址,说如有可能,再给他寄几份报纸收藏。

"《百年情缘·河大一家亲》报道我不仅看了,每一篇我都剪贴下来带来了。"专程从洛阳赶来的河大校友王元明说,他准备与校友分享后,再留给曾在河大求学的儿子和女儿看。

河南大学郑州校友会常务副会长兼秘书长张放涛拿着报纸在大礼堂门口,让记者给他拍张珍贵的合影。

远在澳大利亚和美国的校友,通过网络和微博看到了东方今报的报道。他们也通过东方今报,诉说了对母校的情谊。

"我现在在澳洲读研,多希望能在大礼堂前见证这一历史的时刻!今天,我们会在大洋的这一边唱起我们的校歌。祝福母校,永远为作为河大人骄傲!"河大国际教育学院毕业生韩笑在澳大利亚,凌晨用短信表达了自己对母校的深情。

美国纽约市布鲁克林区的陈大为给记者发来邮件,他的父亲陈吉庆曾是河南大学历史学院教授,他多次到过河大。"在河大,中国的传统文化与现代科学技术得到了完美的结合,我常常对美国朋友讲,如果你要学习地道的中国话,正宗的中国文化,一定要去开封,一定要去河南大学。"

【台湾校友心声】

"母校校庆,只要不死,爬也要爬来"

他们是一群平均年龄已超过80岁的老人,在海峡对岸已生活了60多年,想念的仍是在河大度过的青春岁月。他们对母校的深情早已融入生命,"母校校庆,只要不死,爬也要爬来"。没错,他们就是专程从台湾"漂洋过海"而来的12位河大台湾校友会代表。

"我是管守严,1946年理学院化学系毕业,今年93岁,说起来,只比母校小7岁。"管守严用一口标准的河南话说,抗战胜利后,他与同年毕业的7位同学一起接受学校推荐,到台湾省参加战后重建工作:"本想着去个两三年就回来了,没想到一去就60多年啊!"但他们对故乡、对母校的思念,一天都没有消减过。

管守严说,自己一直坚持每天早上5点起来锻炼身体,为的就是能回来参加母校百年校庆:"看一次少一次喽,谁知道这是不是我最后一次回河大。"

河南大学台湾校友会理事长张正中的父亲张鸿烈先生是河南留学欧美预备学校改办为中州大学(后更名为河南大学)时的第一任校长,对河南大学贡献卓著。张正中从父辈那里继承了浓郁的河大情结。河大台湾校友会成立于1947年,至今已经有65年了。两年前,他组织河大台湾的"二代校友"来河大做学术交流。"今后不仅要加强校友之间的联络,还要为两岸的文化交流做点事,尽量促成台湾大学与河南大学的互访和学术交流。"

(原载《东方今报》2012年9月26日)

百年树人　桃李天下
河南大学　生日快乐

昨天,河南大学百年校庆在河大大礼堂举行

温家宝题词,贾庆林、李长春、李克强、刘云山、刘延东等致信祝贺

蒋树声讲话,卢展工等出席,郭庚茂致辞

吴　静

　　昨天,河南大学百年校庆在古朴的河大大礼堂举行,5000余名海内外校友重返校园。全国人大常委会副委员长、民盟中央主席蒋树声,省委书记卢展工、省长郭庚茂等出席了庆典。

百岁生日:温家宝题词——振兴中原教育

　　昨天,河大百年校庆在河大大礼堂举行。这个礼堂很古朴,只能容得下1600人左右,在这里,领导宣读了温家宝总理的题词"办好河南大学,振兴中原教育",宣读了贾庆林、李长春、李克强、刘云山、刘延东等国家领导人发来的贺电和贺信。

　　为何河大百年校庆如此与众不同？因为除了她,河南没有一所高校有这样一个能承载百年历史与厚重的礼堂。河大大礼堂1934年落成,它是"河大特色",每年毕业典礼和入学典礼都在这里举行,在河大人眼里,它是学校精神的象征。与礼堂一样,河大的百年庆典也很低调、朴实,没有明星大腕、华丽装饰,有的是校友的感恩、领导的期望,以及校长娄源功对新百年发展的信心。

桃李归来:93岁台湾校友重返校园

　　在厚重古朴的校园里,5000余名海内外的校友为母校庆祝百岁生日,其中有位台湾校友叫管守严,是校友中年龄最大的一位。

　　"我93岁了,只比母校小7岁,很荣幸参加母校百年校庆,我代表台湾校友会恭贺母校生日快乐。"管守严1946年理学院化学系毕业,在台湾生活多年仍乡音未改。

　　庆典上,河大教授王立群说,他不仅是河南大学的一名教师,他和儿子也都曾是河大的学生。河大给了他人生最初的信念和憧憬,在这里他找到了坚实的支撑,从这里走向了三尺讲台。

过去的 100 年,河南大学培养了 40 多万人才,他们中有侯镜如、赵九章、赵毅敏、王国权、邓拓、白寿彝、梁光烈等一大批学术大师、兴业英才、治国栋梁。

文化传承:明清师生笔墨在校内展出

校庆结束时,在河南大学 6 号楼举行的展览,成了很多人谈论的焦点。在那里,展出的是明清时期学生的作业、老师的批改,还有旧时殿试的试卷。"这个是状元试卷,写得多漂亮。"现场有校友感叹。老师的批注也是亮点,"可以看出当年师生多么默契,老师多么可敬。"工作人员说,这也是举办这个展览的意义所在。

该展览叫"红烛业明清师德师风笔墨珍藏展",由河南大学、光明日报文摘报联合举办,共陈列 2000 余件展品,由聚协昌博物馆提供。展览分四部分:旧时学生的课艺作业,旧时老师批改过的课业卷,旧时童试、乡试、会试、殿试试卷和红誉课业卷,旧时科举的有关实物等。

(原载《河南商报》2012 年 9 月 26 日)

河南大学庆祝建校 100 周年

王 红

明德新民,止于至善;百年峥嵘,百年辉煌。昨日,河南大学建校 100 周年庆典大会在河大礼堂隆重举行。

中共中央政治局常委、国务院总理温家宝为河南大学校庆殷切题写:"办好河南大学,振兴中原教育。"中共中央政治局常委、全国政协主席贾庆林,中共中央政治局常委李长春,中共中央政治局常委、国务院副总理李克强,中共中央政治局委员、中央书记处书记、中宣部部长刘云山,中共中央政治局委员、国务委员刘延东致信祝贺。

为河南大学百年校庆题词或发来贺信的还有全国人大常委会副委员长路甬祥、韩启德,中央军委委员、国务委员兼国防部长梁光烈,全国政协副主席陈奎元、陈宗兴,原中共中央政治局委员、中央军委副主席、国务委员兼国防部长迟浩田。教育部也发来贺信。

全国人大常委会副委员长、民盟中央主席蒋树声出席庆典并讲话。省委书记、省人大常委会主任卢展工,省委副书记、省长郭庚茂,教育部党组成员顾海良,全国政协教科文卫体委员会副主任王全书出席庆典大会。

省领导刘春良、储亚平、蒋笃运、徐济超、张广智、孔玉芳、李英杰、龚立群、梁静、张亚忠、高体健等出席大会。

河南大学肇始于 1912 年河南留学欧美预备学校,是中国成立最早的大学之一。她先后多次易名,历经中州大学、河南中山大学、省立河南大学,1942 年升为国立河南大学,是当时国内实力雄厚、享誉海内外的国立大学之一。后经河南师范学院、开封师范学院、河南师范大学等阶段,1984 年恢复河南大学校名,发展至今。如今,河南大学已经成长为一所学科门类完备、文理学科为主,多学科协调发展的综合性大学,拥有 12 个学科门类,设有 34 个学院(部),87 个本科专业,42 个一级硕士学位授予点,12 个一级博士学位授权点,15 个博士后科研流动站。建校以来,河南大学先后培养了 40 多万名优秀人才。

会上,蒋树声指出,百年华诞是河南大学发展的里程碑,也是未来发展的新起点,既面临机遇,又面临挑战。希望河南大学一定要以提升人才培养水平为核心,以增强科学研究能力为关键,以服务经济社会发展为导向,以实现文化传承创新为己任,坚持走内涵式发展道路,实现由"大"到"强"的历史跨越。

参加庆典大会的还有国家和省直有关部门负责同志、各省辖市有关负责同志、国内兄弟高校有关负责同志、国外友好学校代表、社会各界友好单位代表、企业家代表等1600余人。

(原载《郑州日报》2012年9月26日)

温家宝题词"办好河南大学,振兴中原教育"
贾庆林、李长春、李克强、刘云山、刘延东等致信祝贺

走过一个世纪　河大迎来百年华诞

蒋树声、卢展工、郭庚茂等出席庆典

张竞昳

明德新民,止于至善;百年峥嵘,百年辉煌。昨日,河南大学建校100周年庆典大会在河大礼堂隆重举行,来自五湖四海的宾朋齐聚一堂,同贺河大百年华诞。

中共中央政治局常委、国务院总理温家宝为河南大学校庆殷切题写:"办好河南大学,振兴中原教育。"中共中央政治局常委、全国政协主席贾庆林,中共中央政治局常委李长春,中共中央政治局常委、国务院副总理李克强,中共中央政治局委员、中央书记处书记、中宣部部长刘云山,中共中央政治局委员、国务委员刘延东致信祝贺。

为河南大学百年校庆题词或发来贺信的还有全国人大常委会副委员长路甬祥、韩启德,中央军委委员、国务委员兼国防部长梁光烈,全国政协副主席陈奎元、陈宗兴,原中共中央政治局委员、中央军委副主席、国务委员兼国防部长迟浩田。教育部也发来贺信。

全国人大常委会副委员长、民盟中央主席蒋树声出席庆典并讲话。省委书记、省人大常委会主任卢展工,省委副书记、省长郭庚茂,教育部党组成员顾海良,全国政协教科文卫体委员会副主任王全书出席庆典大会。

省领导刘春良、储亚平、蒋笃运、徐济超、张广智、孔玉芳、李英杰、龚立群、梁静、张亚忠、高体健等出席大会。

【精彩致辞】

全国人大常委会副委员长、民盟中央主席蒋树声:新的百年,还要牢记弘扬大学精神

"它看不见,摸不着,但它在校园无处不在,潜移默化地影响着每个人。"

在河南大学百年华诞校庆盛典上,全国人大常委会副委员长、民盟中央主席蒋树声对河大建校100周年表示祝贺,同时强调,河南大学要继续发扬

大学精神。

蒋树声说,一百年来,河南大学为国家培养了一大批优秀人才,也为我国高等教育作出了重要贡献,百年华诞,是河南大学发展的里程碑,也是未来发展的新起点,既面临机遇,又面临挑战。他希望河南大学一定要以提升人才培养水平为核心,以增强科学研究能力为关键,以服务经济社会发展为导向,以实现文化传承创新为己任,坚持走内涵式发展道路,实现由"大"到"强"的历史跨越。

"进入新的百年,还一定要牢记弘扬大学精神。"蒋树声说,大学精神是一所大学在多年办学过程中积淀下来的优良传统、精神追求、价值取向和文化氛围,包含了大学的科学精神、人文精神、创新精神和批判精神等,形成了一种学术自由、知识创新和严谨治学的学术环境。它看不见,摸不着,但它在校园无处不在,潜移默化地影响着每个人。虽然每个大学生都有自己的个性,但弘扬大学精神,继承和发扬各自的优良传统,对抵制浮躁、急功近利的社会风气侵蚀大学校园是非常重要的。

省委副书记、省长郭庚茂:希望河南大学早日实现百年名校振兴的目标

郭庚茂说,河南大学是我国为数不多的百年老校。100年来,河南大学植根中原沃土,栉风沐雨而茁壮、历经沧桑而弥坚,名重中原、享誉海内外。100年来,河南大学恪守"明德,新民,止于至善"的校训,培养了数以十万计的优秀人才,产生了众多政坛精英、学术大家及商界巨子。100年来,河南大学追求进步、报效国家,奋勇走在时代前列,始终与祖国同呼吸、共命运。100年来,河南大学与时俱进、奋力开拓,尤其是在当今河南高等教育改革中,勇立潮头、敢于担当,不断革故鼎新。

百年河大,历经世纪风雨和改革开放的洗礼,已经成为国内有重要影响的综合性大学,百年积淀蕴藏的巨大潜力日益发挥,核心竞争力显著提高,服务中原崛起河南振兴能力不断增强。特别是近年来,河南大学抢抓机遇,快速发展,办学实力不断增强,在人才培养和科学研究等方面取得了丰硕成果,为河南经济建设和社会发展作出了重要贡献。

郭庚茂强调,加快中原经济区建设,科技是关键,人才是核心,教育是基础。省委、省政府将进一步加大支持力度,为河南大学的建设和河南高等教育事业的发展提供更多的指导和帮助。希望河南大学早日实现百年名校振兴的目标。

教育部党组成员顾海良：教育部会一如既往地关心和支持河南大学

"将为河南大学创建有特色、高水平大学提供更多的支持和帮助。"

顾海良代表教育部向河南大学全体师生员工及广大校友致以热烈的祝贺，并对河南大学建校一百年来在人才培养、科学研究、社会服务、文化传承创新等方面取得的成绩以及为河南高等教育事业进步、为区域经济社会发展作出的重要贡献给予充分肯定。

顾海良说，2008年10月，教育部与河南省人民政府签订共建协议，支持河南大学进入省部共建高校行列。今后，教育部将一如既往关心和支持河南大学改革、建设和发展，为河南大学创建有特色、高水平大学提供更多的支持和帮助。他希望，河南大学以100周年校庆为契机，紧密结合国家战略及区域经济社会发展需要，质量立校、学科强校、人才兴校、开放带动，不断提高教育教学质量和办学水平，努力把河南大学建设成为我国中部地区高素质人才培养、高水平科学研究、高质量社会服务和中华文化传承创新的重要基地，为实施科教兴国战略和人才强国战略作出新的更大贡献。

河南大学教授、中央电视台《百家讲坛》主讲人王立群："明德，新民，止于至善"的大学精神是我们不变的坚守

"我不仅是河南大学的一名教师，我、还有我的儿子，也都曾是河南大学的一名普通学生。今天我站在这里，最想要说的两个字是感谢——感谢母校的培养。"庆典上，河南大学教授、中央电视台《百家讲坛》主讲人王立群深情致辞母校。

"河南大学给了我人生最初的信念和憧憬，正是凭着这份信念与憧憬，我踏上了追求梦想的征途。从这里，我找到了坚实的支撑；从这里，我走向了三尺讲台；从这里，我找到了生活的价值；从这里，我发现了生命的精彩。这是一片神奇的土地，一片充满信念、充满憧憬、放飞理想的土地，一片精神栖息的净土。"王立群说，"明德，新民，止于至善"的大学精神随着时间的淘洗而历久弥新，成为几代人一贯的、不变的坚守，祝愿母校的明天更加辉煌美好。

台湾93岁校友管守严：继续精进，为国家培养21世纪需要的人才

昨天，河南大学明伦校区特别热闹，国内外的新老校友纷纷从四面八方归来，庆祝母校百年华诞。上午9点多，庆典尚未开始，他们已经早早赶到，在历史悠久的大礼堂前拍照、交谈、回忆。

"我是管守严,1946年理学院化学系毕业,今年的实际年龄是93岁,说起来,只比母校小7岁。"庆典大会上,来自台湾的校友管守严代表台湾的河南大学校友会祝贺团和全体旅台校友,恭贺母校一百年校庆。

管守严说,河南大学是河南第一所高等学府,百年来不断努力、不断发展,也不断提升,造就了许许多多的人才,为国家社会服务贡献,为河大写下了光荣的历史。管守严呼吁河大人再努力、再进步,让河南大学在已有的基础上,继续精进,为国家培养21世纪需要的人才。

(原载《郑州晚报》2012年9月26日)

风雨兼程薪火相传　春华秋实弦歌不辍
河南大学建校 100 周年庆祝大会举行
温家宝、贾庆林、李长春、李克强等为校庆题词或发来贺信
蒋树声、卢展工、郭庚茂等出席庆祝大会

卢浩然

9月25日上午,数千名嘉宾与5万余名师生在河南大学共庆河大百年华诞。党和国家领导人温家宝、贾庆林、李长春、李克强、刘云山、刘延东、路甬祥、韩启德、梁光烈、陈奎元、厉无畏、陈宗兴等为校庆题词或发来贺信。全国人大常委会副委员长蒋树声出席庆典,省领导卢展工、郭庚茂等参加了校庆庆典,市领导祁金立、吉炳伟等到会祝贺。

10时,河南大学建校100周年庆祝大会在河南大学大礼堂开幕。大会由河南大学党委书记关爱和主持。

大会宣读了中共中央政治局常委、国务院总理温家宝的题词和中共中央政治局常委贾庆林、李长春、李克强发来的贺信。温家宝的题词是:"办好河南大学,振兴中原教育。"在河南大学百年校庆来临之际,刘云山、刘延东、路甬祥、韩启德、梁光烈、陈奎元、厉无畏、陈宗兴等党和国家领导人也为河南大学题词或发来贺信,鼓励河南大学再创辉煌,为河南发展、中原经济区建设作出更加突出的贡献。

全国人大常委会副委员长、民盟中央主席蒋树声在讲话中说:"河南大学是一所老校,也是一所有着爱国革命传统和追求科学进步的名校。一百年来,为推动社会进步不懈努力,为国家培养了一大批优秀人才,也为我国高等教育作出了重要贡献,有着重要的地位和作用。百年华诞,是河南大学发展的里程碑,也是未来发展的新起点,既面临机遇,又面临挑战。我希望河南大学一定要以提升人才培养水平为核心,以增强科学研究能力为关键,以服务经济社会发展为导向,以实现文化传承创新为己任,坚持走内涵式发展道路,实现由'大'到'强'的历史跨越。"蒋树声希望河南大学进入新的百年,一定要牢记弘扬大学精神。虽然每个大学生都有自己的个性,但弘扬大学精神,继承和发扬各自的优良传统,对抵制浮躁、急功近利的社会风气侵蚀大学校园是非常重要的。

省委副书记、省长郭庚茂在致辞中说:"加快中原经济区建设,科技是关

键,人才是核心,教育是基础。希望河南高校肩负起全省亿万人民的热切期盼,肩负起实现中原崛起河南振兴的神圣使命和历史责任,坚持中国特色社会主义办学方向,为中原经济区建设培养和输送更多的优秀人才,创造和转化更多的科研成果,努力谱写河南高校服务经济发展和社会进步的新篇章。《国务院关于支持河南省加快建设中原经济区的指导意见》明确提出支持河南大学创建国内一流大学。河南省委、省政府将进一步加大支持力度,也真诚希望国家有关部门和社会各界,为河南大学的建设和河南高等教育事业的发展提供更多的指导和帮助。站在新的百年起点上,希望河南大学认真总结建校百年来取得的成功经验,加快建设国内一流大学的步伐,早日实现百年名校振兴的宏伟目标。"

教育部党组成员顾海良在致辞中希望河南大学以100周年校庆为契机,紧紧围绕提高教育质量这一核心任务,紧密结合国家战略及区域经济社会发展需要,坚定实施质量立校、学科强校、人才兴校、开放带动、依法治校发展战略,坚持内涵发展,突出办学特色,不断提高教育教学质量和办学水平,努力把河南大学建设成为我国中部地区高素质人才培养、高水平科学研究、高质量社会服务和中华文化传承创新的重要基地,为实施科教兴国战略和人才强国战略作出新的更大贡献。

河南大学校长娄源功在致辞中说:"历经百年风雨的河南大学,创造了丰硕的发展成果和宝贵的精神财富,这不是历史的赠予,而是无数先辈上下求索、不懈开拓的结果。站在新的历史起点,实现百年名校振兴的神圣职责,落在了我们这一代河大人的肩上。新的百年,新的希望,新的期待,我们一定会牢记使命,不负重托,抢抓机遇,奋力拼搏,努力把河南大学办成一所让党和政府满意、令中原人民自豪的一流大学。"

11时30分,全体校友和师生起立,唱起了河南大学校歌。"嵩岳苍苍,河水泱泱,中原文化悠且长。济济多士,风雨一堂,继往开来扬辉光……"庆祝大会在雄壮、激昂的歌声中落下帷幕。

◎ 链接:专访

澳大利亚维多利亚大学校董会主席乔治·帕帕斯:我们见证了河南大学的世纪辉煌

在跨国教育合作过程中,澳大利亚维多利亚大学与河南大学建立了深厚的友好关系。9月25日,澳大利亚维多利亚大学校董会主席乔治·帕帕斯应邀来汴,参加河南大学建校100周年庆祝大会。

乔治·帕帕斯说:"河南大学在教育事业、知识创新与发展等领域都取得了极为杰出的成就。我代表维多利亚大学全体领导与职工对此表示诚挚的祝贺与最美好的祝福。百年间,河南大学数以万计的优秀毕业生为中国的科学、经济与社会发展作出了持续的重大的贡献。维多利亚大学与河南大学国际教育学院在跨国教育合作过程中,建立了深厚的友好关系。前段时间,河南大学国际教育学院举行了10周年院庆,维多利亚大学校长彼得·道金斯有幸参加了庆典。通过合作,维多利亚大学了解和学习到了河南大学诸多办学优点,尤其是该校恪守学术美德的精神。"

乔治·帕帕斯说:"在这合作的10年中,我们被河大人的热情好客所感动。数以百计的河南大学学生留学维多利亚大学,为我校的学术氛围与校园生活增添了更多的光彩。随着中澳合作关系逐渐被认识和加深,维多利亚州州长宏·泰德·贝利厄在上周带着我们最大的贸易任务来到了中国。他宣布该任务的一部分就是一系列的博士奖学金项目,其中有两项来自维多利亚大学,专为我校在华合作大学的学生而设立。今天,我们见证了河南大学的世纪辉煌,我相信她的下一个100年将会更加成功与卓越。"

美国加利福尼亚州立大学校长金·亚历山大:河南大学,一所世界级高校

9月25日,在河南大学建校100周年庆祝大会上,远道而来的美国加利福尼亚州立大学校长金·亚历山大激动地说:"今天,在河南大学百年校庆这个值得纪念的日子里,我非常荣幸能够作为与会代表,向河大送上最真挚的问候和热烈的祝贺,祝贺河南大学所取得的辉煌成就。河南大学,一所世界级高校。"

金·亚历山大说:"河南大学已培养出40多万名优秀毕业生,其中许多人现任省部级领导,这对于任何高等学府来说都是惊人的成就。河南大学现在与世界上超过40个国家和地区的80多所院校有合作关系,并加入世界大学联合会以及亚太大学联合会。在这里我可以很自豪地说,加利福尼亚州立大学能与河南大学成为合作院校,荣幸之至。"

谈到国际化教育,金·亚历山大认为当今学生不仅需要专业学科领域的知识和技巧,更需要深入了解、学习国外文化、习俗以及语言。"现在,我们生活在一个竞争激烈而又彼此依存的世界中,我们的学生必须获得在全新的国际环境中竞争并脱颖而出的能力。河南大学在国际化方面作出了巨大的努力,为众多留学生敞开学习访问的大门,令人赞赏。"金·亚历山大说。

金·亚历山大祝愿河南大学在下一个100年收获新的成就,并为中国以及海外学子提供更高质量的教育服务。

世界大学校长联合会主席、美国索菲亚大学校长尼尔金：我们极为认可河南大学的全球影响力

诞生于东西方文化碰撞交融之中的河南大学，建校之初即开风气之先，内聚青年才俊，外纳先进西学，以1/3的外教和西学课程，掀开了前瞻开放的历史首页。随后，学校一直把开放办学作为重要发展战略，在与中国科学院、中国社会科学院等国内知名科研机构进行合作的同时，自觉走上国际交流与合作的舞台，与80多所国外高校建立了友好合作关系。

9月25日，河南大学迎来建校100周年。自称"河南大学的老朋友"的世界大学校长联合会主席、美国索菲亚大学校长尼尔金博士带领访问团，来到河南大学共襄百年盛典。

尼尔金博士说，他首次访问河南大学是在2002年。"10年前，我赶到开封参加了河南大学建校90周年庆典，现在的河南大学党委书记关爱和那时是校长。这次来河大，更重要的是作为河南大学的老朋友。河南大学是一所优秀的学校，创造了诸多辉煌。河南大学是世界大学校长联合会成员大学之一，我们极为认可河南大学的全球影响力。"尼尔金博士说。

尼尔金博士说："今天，我很荣幸带领访问团来到这里共襄河南大学百年盛典，这些代表来自世界各地杰出的大学。我们极为敬重河南大学，河南大学校长娄源功是我们众多会员中极受尊敬的一员，他也是我们的分会主席之一。"

（原载《开封日报》2012年9月26日）

情系河大 共庆百年

汴 平

"寒花开已尽,菊蕊独盈枝",又到金秋赏菊时。在古朴典雅的河大校园里,一株株、一盆盆、一丛丛的菊花,绽蕊怒放、尽展娇颜,使得这所古色古香的百年名校别有一番神韵和气质。艳艳佳菊、幽幽清香之中,河南大学100周年校庆如约而至。

一百年沧桑砥砺,一百年春华秋实。河南大学诞生在辛亥革命胜利的曙光里,成长在中华民族复兴的进程中,历经百年沧桑,成就世纪辉煌。

一百年宠辱不惊,一百年朴实无华。河南大学植根中原沃土,栉沐风雨而茁壮,历经沧桑而弥坚,名重中原,享誉海内外。

百年学府百年风。建校百年来,河南大学秉持"明德,新民,止于至善"的校训,形成了"团结、勤奋、严谨、朴实"的优良校风,凝练了"前瞻开放、面向世界,坚持真理、追求进步,百折不挠、自强不息,海纳百川、兼容并包,不事浮华、严谨朴实"的河大精神,在推动社会发展、科技进步、经济建设和教育振兴的过程中实现着自身的价值。

悠悠百载,求索征程。河南大学屹立于中原高等教育之巅,始终抱持"为天地立心,为生民立命,为往圣继绝学,为万世开太平"之博大胸怀,立足教育事业,立足人才培养,立足科研创新,励志笃行,求实奋进,积极践行高等教育使命,为经济社会发展和高等教育振兴作出了重要贡献。百年河大,莘莘学子遍布大江南北、神州内外,枝枝桃李尽看英才辈出、各显风流。

以服务求支持,以贡献求发展。一个有着古老文明的地区,必然拥有能够代表本区域的著名学府。在时代发展、改革大潮中,凭借一颗赤子之心,河南大学勇立潮头、敢于担当,与古城人民休戚与共,与开封这片土地共生共荣;与中原经济区建设合拍共振,与中原儿女共创和谐,在搭建地方与高校融合发展的平台中,谱写了一曲又一曲壮丽恢弘的精彩乐章。

百年华诞,是河南大学发展的里程碑,更是迈向未来的新起点。新的百年,新的希望,新的期待。站在新的历史起点上,河南大学正昂首阔步,奋勇向前,汇聚力量,再创辉煌。

(原载《开封日报》2012年9月26日)

猗欤吾校永无疆

河南大学建校 100 周年庆典晚会举行

王红利　袁丹丹

9月25日晚,河南大学金明校区明德广场流光溢彩,"猗欤吾校永无疆——河南大学建校100周年庆典晚会"在此隆重举行。河南大学党委书记关爱和、校长娄源功偕现任领导班子全体成员,和万余名师生、广大校友、学校离退休领导聚集一堂,同贺河南大学百年华诞。

19时30分,全场一片寂静。三声悠扬的校令钟声过后,"1912、1922、1932……2012",主屏画面上一组10个年份数字依次闪现,一时间,场上场下,旗帜飘扬,青春激荡,欢声雷动,晚会的序幕就此拉开。

整台晚会分为《明德篇》、《新民篇》、《至善篇》三个篇章,取自河南大学校训"明德,新民,止于至善"。波澜壮阔的画面,唯美动听的旋律,灵动跳跃的灯光,晚会将交响音画、歌、舞、情景表演、朗诵等艺术形式融为一体,再现了河南大学100年风雨历程中的重大事件、曲折发展、历史变迁。

100分钟的跌宕起伏,再现了100年的沧桑荣辱。随着音乐旋律时而舒缓、时而急促、时而铿锵的变化,现场总会响起观众充满骄傲与自豪的掌声与欢呼声。特别是当在河南大学执教了56年、白发苍苍的华籍美国人吴雪莉出现在舞台上,用颤抖的声音喊出"河南大学是我的家",并缓缓展开一面珍藏了多年的五星红旗时,全场掌声雷动、欢声一片。《至善篇》中,主屏上飞扬灵动的横、竖、撇、勾,与舞台上演员的水袖表演配合得天衣无缝,宛如一幅苍劲流畅的水墨画,再现了河南大学百年的文化积淀。

最后,在全体观众的河南大学校歌声中,身穿红色志愿服的志愿者们手拿鲜花跑向观众,烟花在空中美丽绽放,整个舞台成为一片色彩绚烂的海洋,晚会气氛达到高潮。

据了解,本台晚会节目全部由河南大学师生自编、自导、自演,不仅是一场精妙绝伦的视听盛宴,更是一段激励人心的河南大学史诗。2000余名演职人员历时一年多,用饱满的热情和不懈的努力为河南大学百年庆典画上了一个圆满的句号。

(原载《开封日报》2012年9月26日)

<small>风雨兼程薪火相传　春华秋实弦歌不辍</small>

河南大学建校100周年庆祝大会举行

卢浩然

9月25日上午,数千名嘉宾与5万余名师生在河南大学共庆河大百年华诞。党和国家领导人温家宝、贾庆林、李长春、李克强、刘云山、刘延东、路甬祥、韩启德、梁光烈、陈奎元、厉无畏、陈宗兴等为校庆题词或发来贺信,全国人大常委会副委员长蒋树声出席庆祝大会,省领导卢展工、郭庚茂等参加庆祝大会,市领导祁金立、吉炳伟等到会祝贺。

10时,河南大学建校100周年庆祝大会在河南大学大礼堂开幕。大会由河南大学党委书记关爱和主持。

大会宣读了中共中央政治局常委、国务院总理温家宝的题词和中共中央政治局常委贾庆林、李长春、李克强发来的贺信。国务院总理温家宝为河南大学题词:"办好河南大学,振兴中原教育。"在河南大学百年校庆来临之际,刘云山、刘延东、路甬祥、韩启德、梁光烈、陈奎元、厉无畏、陈宗兴等党和国家领导人为河南大学题词或发来贺信,鼓励河南大学再创辉煌,为河南发展、中原经济区建设作出更加突出的贡献。

全国人大常委会副委员长、民盟中央主席蒋树声发表讲话说:"河南大学是一所有着爱国革命传统和追求科学进步的名校,一百年来,为推动社会进步不懈努力,为国家培养了一大批优秀人才,也为我国高等教育作出了重要贡献,有着重要的地位和作用。百年华诞,是河南大学发展的里程碑,也是未来发展的新起点,河南大学既面临机遇,又面临挑战。希望河南大学以提升人才培养水平为核心,以增强科学研究能力为关键,以服务经济社会发展为导向,以实现文化传承创新为己任,坚持走内涵式发展道路,实现由'大'到'强'的历史跨越。"蒋树声希望河南大学进入新的百年,一定要牢记弘扬大学精神。虽然每个大学生都有自己的个性,但弘扬大学精神,继承和发扬优良传统,对抵制浮躁、急功近利的社会风气侵蚀大学校园是非常重要的。

省委副书记、省长郭庚茂在致辞中说,加快中原经济区建设,科技是关键,人才是核心,教育是基础。希望河南高校肩负起全省亿万人民的热切期盼,肩负起实现中原崛起河南振兴的神圣使命和历史责任,为中原经济区建设培养和输送更多的优秀人才,努力谱写河南高校服务经济发展和社会进步的新篇章。《国务院关于支持河南省加快建设中原经济区的指导意见》中明确提出支持河南大学创建国内一流大学,河南省委、省政府将进一步加大支持力度,也真诚希望国家有关部门和社会各界,为河南大学的建设和河南高等教育事业的发展提供更多的指导和帮助。站在新的百年起点上,希望河南大学认真总结建校百年来取得的成功经验,加快建设国内一流大学的步伐,早日实现百年名校振兴的宏伟目标。

教育部党组成员顾海良在致辞中说,希望河南大学以百年校庆为契机,紧紧围绕提高质量这一核心任务,紧密结合国家战略及区域经济社会发展需要,坚定实施质量立校、学科强校、人才兴校、开放带动、依法治校发展战略,坚持内涵发展,突出办学特色,不断提高教育教学质量和办学水平,努力把河南大学建设成为我国中部地区高素质人才培养、高水平科学研究、高质量社会服务和中华文化传承创新的重要基地,为实施科教兴国战略和人才强国战略作出新的更大贡献。

河南大学校长娄源功在致辞中说,历经百年风雨的河南大学,创造了丰硕的发展成果和宝贵的精神财富,这不是历史的赠予,而是无数先辈上下求索、不懈开拓的结果。站在新的历史起点,实现百年名校振兴的神圣职责,落在了我们这一代河大人的肩上。新的百年、新的希望、新的期待,我们一定会牢记使命,不负重托,抢抓机遇,奋力拼搏,努力把河南大学办成一所让党和政府满意、令中原人民自豪的一流大学。

11时30分,全体校友和师生起立,同唱河南大学校歌,庆祝大会在雄壮激昂的歌声中落下帷幕。

(原载《汴梁晚报》2012年9月26日)

喊出百年的声音

吕树建

9月25日是河南大学百年校庆日。这一天,是河大数十万名校友和社会各界期盼的日子。有百年的积淀,又有青春的朝气,我们在为河大自豪,我们在为河大感动。

开放是河大。1912年,以林伯襄为代表的一批河南仁人先贤在这里创办了河南留学欧美预备学校,学校成为当时中国的三大留学培训基地之一。河大的诞生,是为开放而来。在那个年代,河大等一批老校的诞生,使一批批学子走出封闭的国门,带回了先进的科技、理念,老一代河大人用热血和汗水推进了中国社会进步、民族兴旺发达。100年来,历代河大人坚持前瞻开放、兼容并蓄、海纳百川,发展了自己,奉献了国家、社会。

继承是河大。100年来,河大严守"明德,新民,止于至善"的校训,在古都生根,在古都发展,传播中华文化,弘扬民族精神,培养出一批批中华文明的倡导者和实践者,为中华民族生生不息、为中华文化发扬光大作出了不可磨灭的贡献。

进步是河大。从"一二·九"运动到抗日战争的艰难岁月,河大人始终走在时代的前列,呼应南北、声震东西,为国家号呼、为民族呐喊,在中原大地吹响了革命的号角,为中国革命和科学、民主、进步发出了强大的声音。河大人一刻也没有停止前进,在新时代形成了"团结、勤奋、严谨、朴实"的优良校风,在探索中为国家民族而思而虑。

自强是河大。我们的学子遍天下,我们的事业担古今。没有听说哪个学校像细胞分裂一样一分为二、二分为四,有过全国名列前茅的经历,有过降为地方院校的历程,但河大从来没有气馁、没有彷徨,而是砥砺前行、创新发展,铸就了百折不挠、自强不息的河大精神。河大,在推动社会发展中实现着自身的价值。

"与时俱进,开拓创新,把河南大学办成全国一流高校",不仅是党和国家领导人的期望,更是河大广大校友的迫切愿望。走过百年,河大更加成熟;走过百年,河大愈加丰满;走过百年,河大越来越年轻!

(原载《开封日报》2012年9月27日)

辞 赋 篇

河南大学赋

张大新

背依黄河,托体宋都;秉承炎黄,高瞻寰宇。持启智益民之鸿钧,张民主科学之巨帜。肇基贡院,革故鼎新,称名预校,融贯中西。设庠施教,延师育才,与京沪鼎足而三,林公伯襄之首功也;升格大学,运筹谋划,成云蒸霞蔚之势,冯将军玉祥之伟略也。由中州而中山,排闼而上,河南大学声誉日隆。

览眼前之美景,寻往昔之胜迹,胸胆开张,心驰神飞。振翅奋翼之校门,庄严肃穆;鳞次栉比之斋房,玲珑别致。巧夺天工之殿庭,雄奇典雅;巍然耸立之礼堂,恢宏壮丽。更有城堞绿树掩映,铁塔宝刹拱卫。三教圆融,古今交汇,地负海涵,冠绝当世!

当是时也,周秦汉唐之典籍,亚欧北美之新著,琳琅满目,充栋盈室;淹博经史之耆宿,六合域外之翘楚,越陌度阡,如凤来仪。瞻仰当日之泰斗,指不胜屈:冯公友兰、范公文澜、姚公从吾、朱公芳圃、卢公冀野、嵇公文甫,雄姿英发,各擅其长;历数受业之雄杰,灿若星云:邓拓、白寿彝、马可、吴强、樊粹庭、姚雪垠,励精图治,卓荦鹰扬。

倭寇犯华,草木血腥;师生洒泪,赍志远巡;历申经宛,潭头栖屯。仁人志士,闻风而云集;热血男儿,负笈以来奔。古庙废宇,不淹硕儒之睿智;绳床瓦灶,用助学子之风神。炮火纷飞,抉坟典奥窔而不辍;粗粝不继,究数理精要而益勤。文史哲法,颉颃而进;理工医农,济世利民。滋兰树蕙,栋梁成荫;雄鸡一唱,响遏行云。晋升国立,声震河岳;砥柱中流,彪炳乾坤。

星移物换,山河日新。吁嗟我校,折枝成林。植桃李于海东,沐天雨而芬菲;畦金菊于梁园,凌霜雪以芳馨;移农医法于省城,得地利而葳蕤;迁理工经于卫楚,乘良时以峥嵘。更名师范,文史郁盛。风雨如磐,学府凋零。高考重启,翰苑春回迎俊彦;河大名归,凤凰涅槃而再生。世纪交替,波诡潮涌;黄河之鲤,跃而成龙。文理工医,聚合重组,展翅腾越,横空一鹤排云上;郑汴两地,三区策应,并辔疾驰,万丈峰头鸣青骢。

猗欤我校,历尽沧桑。百踣而不蹶,屡挫而不馁。宠辱不惊,黜陟不惑。

雨打青莲,匿身淤泥铸清白;风挠梧桐,昂首古原引雏凤。此所赖者何,乃至珍至贵之河大精神也。河大精神者何谓?坚韧倔强也,淳朴笃实也,勤勉谨重也,卓立弘毅也!当其颠沛流离之时,犹搏击风浪之船夫也,浊浪翻滚,险滩比比,伏波上下,持桨撑筏,决无犹疑退缩也;渡越时艰,拨云见日,矩矱之重构也,则怵然而惕,张弛有度,若嘉谷之盈稔,临风颔首而待时也。世之以"铁塔牌"名之者,固其宜也,且名实相符焉。学苑依傍夷山,毗邻古塔。蕴秦汉之气度,扬唐宋之风韵。负重登攀,历险若夷;朴外实内,豪气干云!

噫吁我校,植根中原,学海放舟。五千年文明,薪火炳焕播四海;四十万精英,群星璀璨耀五洲。中华复兴,吾侪当自励;明德新民,至善而莫止!

河南大学赋

张生汉

民国开元,百业待举;中州贤达,首倡教育。维壬子之年,仲秋之季,猗吾预校,应时而立!

赫赫乎!揽河岳之灵秀,据帝都之形胜;根植于中原沃土,源流乎华夏文明。奕奕乎!黉堂基于贡院,新学肇乎泮宫;依巍巍之宝塔,傍峨峨之崇墉。庠门拱立,仰而生敬恪之心;礼堂轩昂,登而有鲲鹏之志。道衢中分东西,斋房翼列两旁。重檐广宇,桂虎松梁;镂文写藻,丹阁绮窗。荟萃中西之菁华,显应天地之嘉祥;实清隽以典雅,何雍穆而端庄!

其时也,延硕儒于四海,纳时彦于八方,张民主之旌帜,奉科学为典常。树时代之新人,育国家之栋梁;理想期乎大同,求索何止小康!殷殷士人,闻而翘首;莘莘学子,靡然向风。遂而定章制规,分科别系。文史法哲,理工农医;衡论今古,融通中西。猗我河南大学,实至而名立。探六艺之精蕴,勘甲金于殷墟;治阡陌之麦桑,考河渠之水利。严谨笃实,庄敬惕厉;如切如磋,如兄如弟。学问唯利于民生,研讨总关乎社稷;明明德以新民,至至善而不替。

遥忆当年,倭贼侵华,烽烟四起,中原沦陷,腥风血雨。我河大师生,怀坚贞不屈之心,抱救亡图存之志,迂回避敌,流转千里。负笈播火,弦歌闻于山野;沐雨栉风,雅颂萦乎雄关。当是时,追兵紧逼于后,险隘滞阻于前;履霜雪而走崎岖,攀岩崖而涉深涧。粝羹豆藿,芒鞋敝衫;土桌石凳,瓦灯茅椽。但得宽余,实验继于废祠,著述续乎颓垣;念民生之疾苦,忧国家之阽艰。噫吾学人,宁百折而不回兮,历万险而弥坚;浴战火而重生兮,鸣金鼓而凯旋!

建国初期,新制颁立;调整院校,釐分科系。慨然吾校,顾大体以响应,失手足而何惜;愿折枝以成林,冀枝繁而林密。先哲有言曰:业不能不精进,士不可不弘毅!嗟我师生,重整行阵,再鼓士气;黾勉同心,和衷共济。培根固本,重内涵而韬养;蓄势待发,期鹏程以砥砺。

东风浩荡，涤除妖氛；大地回暖，万象更新。噫嘻嚱！看紫燕欢跃，灵鹊飞翔；松青柳绿，桂馥兰芳。老校又换新颜，一派大好春光！晨吟风雅，湖光潋滟而映面；夜读经典，塔铃悄然以临窗。白发欣喜，怀赤诚而谆谆启导；青衿奋发，惜光阴而冥冥研习。蜡炬残尽而无悔，桃李霑渥而益丽；学术精进而日厚，操行贞洁而标立。求实创新，开拓进取；教学科研等重，文理医工并举。乘改革之大潮，藉发展之机遇，绘崭新之蓝图，创赫赫之业绩。

吁嗟乎！传薪火而不辍兮，踵前贤以流芳；敢负重以登攀兮，崇道义而勇担当。求中华之昌盛兮，图人民之安康；知大任之在斯兮，愈发奋而图强。更发扬而蹈厉兮，逾百年而益辉煌；瞰河岳以卓立兮，猗欤吾校永无疆！

河南大学赋

王国钦

  大学者,所谓智国睿民、滋兰树蕙、传道解惑也。夫大河之南者,苍茫茫天下之中也;吾河南大学者,哗啦啦杏坛之旌也。奠基在河南贡院旧址,终结乎千年科举旧制,开创出中华教育之新学新风也。留学欧美预校,少年岁月之乳名也。中州大学、中山大学、国立河南大学、开封师范学院、河南师范大学等,九曲航途之塔灯也。誉满中原,铁塔巍巍,已见证七朝古都之物华天宝;名扬天下,雄风浩浩,更滋养菊香词韵之人杰地灵。

  彼怀瑾握瑜兮,迓张张笑脸乎东西南北;其燃烛吐丝兮,授代代学子于春夏秋冬。林伯襄已经化身为校园风景;李大钊尚在博文楼播撒光明。文史哲江宽海阔、云涛澎湃,推波助澜之冯友兰、范文澜、嵇文甫;甲骨学山高岳壮、风光无限,浓墨重彩于傅斯年、董作宾、张邃青。饮水思源,知多少著名学者甘为人梯、镂金琢玉、德艺双馨。灼桃李之华,河南教育英华秀实展长卷;乘舟楫之浪,中州文坛后浪前涛弄潮行。十年树木兮,木高千尺当为栋梁材;百年树人兮,人行万里难忘母校情。遥想之宝岛木叶乎,曾经沧桑风雨,尤思两岸彩虹。

  穆穆学府,八年抗战,路漫漫吾将上下而求索;莘莘学子,流亡办学,云渺渺长忆往来而飘蓬。从省立到国立,校歌嘹亮,危难之中塑造母校至尊名望;从国内到国际,绛帐高悬,学术为桥世界科技由此贯通。夫邓公创办中原大学,数百师生硝烟里走向黎明。抗美援朝兮,两赴前线;战地救护兮,不避牺牲。噫欤唏,家与国之相连矣,一次次以国为家;血与火之洗礼也,几回回涅槃重生。

  其绿叶之成荫兮,大树参天几曾枝繁叶茂;逢院系之调整兮,折枝成林毕竟同根并生。河南大学,风雨如磐,更扎根文化古城。纪元布新推窗邀月,高层次人才如云而至;开疆拓土综合办学,多校区发展齐头并行。猗欤母校,金明校区已描绘锦绣画卷;壮哉河大,郑州校区再图之大道新程。将专业之设置兮,承先启后,学科达十余门类;更省部之共建兮,层楼再上,花开正灿若群英。君不见,央视在内地遴选高校,河大已跻身世界著名。夫校园之文化兮,绵延各呈精彩;看羽帆之旗帜兮,青春飘扬不停。

明德新民止于至善,谆谆其校训也;民主是式科学允张,翩翩其灵魂也;团结勤奋严谨朴实,昭昭其校风也;前瞻开放兼容并包,耿耿其精神也。得惠风之和畅兮,筑巢引凤在学域蔗境;悦琳琅之满目兮,硕果盈林于息壤躬耕。夫河南大学者,千里之行,始于足下,从心而起;夫铁塔牌校友,厚积薄发,登高而招,扬帆远征。已得之地势坤兮,青出于蓝,劈波斩浪,师生当厚德载物;瞻神州天行健兮,薪火相传,敢为人先,看吾辈自强而行!

壬辰年丙午月甲子日初稿壬辰年戊申月辛丑日十六稿于中州知时斋

河南大学赋

孟宪明

大河之右,天地之中,华夏肇始,炎黄龙兴,古称豫州,今之河南也。名城开封,七朝帝京,力举教育,首创高等,初名留学欧美预备学校,今之河南大学也。当其时也,民国起,帝国崩,朝华绽,万物萌,启民智,开民声,求真古今,问道中外,四海眼底,宇宙胸中。当其时也,北大影其前,燕大接其踵,左清华,右南开,风生水起,云蔚霞蒸。

中州大学,中山大学,河南大学。一脉热血奔涌;面向欧美,面向世界,面向未来。百变不改初衷。名师云集,长卷青灯。学子星聚,咀嚼涵咏。嘉木掩映,佳禽和鸣。华堂俊伟,斋西斋东。碧海长天张高帆,惊涛骇浪问前程。

七七事变,抗日战争,豫西潭头,峻岭险峰。砢砢兴学六载,膝桌泥凳,云书月灯,由省立而国立。莘莘学子千数,雪衣霜屦,星伴萤侣,为理想而牺牲。噫吁嚱,国难当头,死神呈凶,武夫弃刀,貔貅遁形,以翩翩青衫报国,以嶙峋弱肩担当,大勇大智,传道兴邦于抗敌前线者谁?河南大学也!

大学者,大道之学也。不求一时之利,不争一事之功,拙愚其外,灵秀其中。皓首问道,道远亦道近,惟道之为大。穷经求真,真晦亦真明,惟恒之为生。大人大著大学问,宽天宽地宽心胸。以拙为美,以真为美。以大为美者谁?河南大学也!

折枝成林,院系调整。析一为九,同根共生。河南师院,开封师院,桃李遍神州;河南师大,河南大学,大道照直行。改革开放,日丽月明。美哉中华,伟哉复兴。嵩岳千寻,千寻之巅再千寻千寻竞秀;长河万里,万里之长再万里万里争荣。一校三景,好风好雨。四海百友,如霞如虹。登高而极,向远以永。群而不泯,和而不同。一百载不屈不挠荆棘路争为前进,四十万亦德亦才学士心齐报事功。佛言:万古长空,朝朝好风月。道云:一生二,二生三,三生万万形。子曰:在明明德,在新民,在止於至善。噫!其大无外,其小无内,其进无坚,其行无止,無乃河南大学乎?孟子曰:善哉,非此而谁欤!

百年河大赋

张清平

壬辰九月,良辰吉日,河南大学,百年校庆。群贤毕至,惠风和畅,万物化醇,盛举共襄。

嵩岳苍苍,河水泱泱,中原厚土,尊教重庠。贡院碑铭,记重修科考旧址;选才俊,聚贤良,曲终人散,翰墨留香。民初先贤,办留学欧美预校;扫积贫,救民弱,宵衣旰食,艰辛备尝。

创建大学,省内唯一,育人根本,校训所彰。"明德""新民","止于至善"。涵养水土,省强国强。

汴梁古城,黄沙落尽,怀想清明上河风情;古吹高台,长啸当歌,吟诵梁园太白遗响。堞雉墙垛,气象高旷,拥抱楼堂馆舍书斋;巍峨铁塔,八面来风,身披四时云霓霞光。

连通古今,板凳宁坐十年冷;学贯中西,君子抱朴以自强。焚膏继晷,望断七号楼边月;修业尚精,轻踩图书馆前霜。

大鹏展翅,翼垂长天。北海虽赊,扶摇直上。书生报国,业绩彪炳。嘉木玢纷,蔚为栋梁。铁血抗战,大地兵燹。踟蹰西迁,师生流亡。立足嵩山,潭头授业;润物乡野,弦歌嘹亮。

茅檐听雨,灯火江村。怀离黍之恸,忧风雨晨昏。避战乱于江南,存中原之归心。肝胆同侪,完璧返豫,经磨历劫,不改赤诚。万里云天,不恋姑苏杨柳月;千江有水,惟取故园一瓢饮。

君子砥砺,浴火重生。文、理、工、法、医、农,业绩卓荦于中原,声名镌刻于夏鼎。

又几度风云变幻,蹉跎光阴。历代学人,数载心血,竟瓜剖豆分。昔年种柳,绿璎缤纷。参商分离,何堪此情。

人间有道,其命惟新。如月之恒,如日之升。百废待兴,拨乱探津,务实求真,宠辱不惊。

星月当空,大河无声。仰天长啸,俯首耕耘。箪食瓢饮,源清流清。愈挫愈奋,愤悱图存。学脉不断,云起风生。华实蔽野,折枝成林。俯仰无愧,叶盛木荣。垂荫华夏,擢本千寻。

文澜路上,鸿儒谈笑,金明学苑,景行景从。镜如湖畔,书香琴韵,明伦校区,人文日新。

长风浩荡,塔玲叮咚,听校园风声雨声读书声;黄河奔流,青山映眼,看河大万紫千红总是春。

乡间田舍,桑林麦陇,育新秀,济苍生,有我河大人振衣千仞岗;神舟飞天,飞弹穿云,高分子,新材料,有我河大人碧血写丹青。

汴河两岸,树犹有情,闻岁岁青青如许;河洛胜景,黄髫白发,喜代代殷殷传薪。

猗欤河大:沉潜内敛乃其气质,百折不挠乃其精神,诚朴敦厚乃其性格,文采蕴藉乃其风韵。

凤凰鸣矣,梧桐生矣,芳草茵茵,旭日东升。

繁花似锦,钟鼓齐鸣,百年河大,万载长春!

百年河大赋

陈立长

壬辰孟秋,余自凉州还,闻有名家作赋颂校,余读之乃三叹,故书以和之,同应校庆之喜。

辛亥惊雷,九州震荡,壬子国立,中原复光。民国既创,旧学当革,于是志士集梁园故地,鸿儒至贡院旧所。借时势,为至难,立校舍,揽群贤,而后预校峥嵘现也,中原共京沪而鼎立,此林光州先天下而行明德之举也;分文理,设农医,传民主,扬赤旗,于是大学气象备矣,豫州导南北之风气,此张幼山继前贤而为新民之事也。时国难,校遂迁,学不堕,文四传,于是名校之度存也,中州居抗战之中流,此众后辈延既定而行至善之志也。故河大立校之道明也,曰明德,曰新民,曰止于至善。群贤既至,传灯不绝,名誉九州,声达四海;绍虞可明训诂,晋生能答天问;芝生先引哲思,仲云后兴正辩;彦堂首屈时代,而后三代音传,文甫历史唯物,又开学术新篇;尔达新兴蜀学,三苏遗风汴梁再,炳之辩明科教,西风东渐古都来。一时稷下,蔚为壮观;六艺风骚难名之一处,名师之众于此见一斑。

既有大道相引,又存名雅薪传,当时艰而六艺齐名,惟多难则诸科共兴。师不畏险途者道夫先路,生不图富贵兮行于修远;传民主于四面,播科学至八方。神州泽被,杏坛流香。

至彼己丑,更天换日,学校巡苏杭而北还,占卿度海峡而回望。南渡者以科学而化夷州,北还人以民主而继绝学。海峡南北残败而候举,山川内外百废而待兴。大陆震荡,省府西移,名校不念自保而折枝成林,高贤不恋故土而润被四野。故鄂州盛大学之风,省会兴文化之业。望之海内,河大风播神州,反睹本源,故校四学相继;虽同行至善之铭,终未免学界之憾。幸逢己未,震旦革变。学脉反本,学术求源。河大有根系固存,少长能暑继膏焚;得趁良机,既为一地双强;更张易弦,又望天下名扬。

於嘻! 大学之道,校训在在,百年风流,承传采采。瞻彼河矣,汤汤远来,瞻彼吾校,猗欤伟哉!

注释：

林光州：林伯襄，此处以地望指名。

张幼山：张鸿烈，字幼山。

绍虞：郭希汾，字绍虞，江苏省苏州市人。中国语言学家、文学家、文学批评史家

晋生：高亨，初名仙翘，字晋生，吉林双阳人，著名教授，古文字学家、先秦文化史研究和古籍校勘考据专家。

芝生：冯友兰，字芝生。

仲云：范文澜，字仲文。

彦堂：董作宾，字彦堂。

尔达：蒙文通，字尔达。

炳之：罗廷光，字炳之。

六艺：河大旧有六院，此处借六艺代指。

占卿：姚从吾，字占卿。河大南迁时姚从吾去了台湾。

采采：出《尚书·皋陶谟》言所传有德。意为所传为美德、美行之事。

瞻彼河矣：参考《诗经·小雅》。

百年河大赋

刘 硕

壬寅改制,湖广革新。八股逊位,诸科推陈。于是改弦学府,更张教育。留洋预备学堂,壬子初置。国立中山大学,汴梁始添。贡院碑前,西装革履。罗马柱上,玉栋雕栏。乃求名士于海外,访宿儒于山间。一时群贤毕至,卧论高谈。考古今者,列五老而身贵。谈金石者,居四堂而名显。

至于东北事变,黄淮兵争。山河破碎,院系飘萍。于是南迁信阳,传诗书于楚韵。北适西安,化礼易于秦腔。沧浪亭前,渔父能歌新政体。武昌浦口,潮儿亦解乌托邦。故四郊多垒,思大夫之耻辱。九州未暗,映吾校之荣光。

神州初定,院系调整,河大折木,诸校始兴。拆理数于新乡,河师初立。拓分校于豫南,信院方成。水利牧林,南迁武大。农科医药,设赈分庭。至今豫楚,名校林立。当不忘昔年折木之功也。

历十年之动乱,沐改革之春风。感名校之破败,忆往日之功荣。于是复名设系,并校增庭。十年积聚,理工尽复。十年改制,诸院初成。十年开创,成果尤丰。后有学海鹰扬,夺省部之共建。书山虎踞,列豫校之双雄。民主科学,铮铮其骨。朴实严谨,昭昭其风。明德新民,思至善之未止。前瞻开放。复并蓄兮兼容。

欹欤兮河大,历百岁之沧桑。继往圣之绝学,创后世之辉煌。开九州之风气,揽四海之琳琅,携五岳兮同寿,共三光而永光!

注释:

壬寅改制:1902年农历壬寅年,清朝政府颁布了《钦定学堂章程》,亦称"壬寅学制",这是我国教育史上正式颁布的第一个关于新式教育的学制。为各地高等学堂的建立奠定了基础

五老:曾执教于河南大学的范文澜先生,在五四运动以后逐渐成为马克思主义史学的代表人物,与郭沫若、吕振羽、侯外庐、翦伯赞并称为史学界的

"马列五老"。

四堂：甲骨四堂是指中国近代四位著名的研究甲骨文的学者：郭沫若（字鼎堂）、董作宾（字彦堂）、罗振玉（号雪堂）和王国维（号观堂）。其中董作宾先生曾任教于我校。

沧浪亭：1948年6月7日，河南大学南迁苏州，分住怡园、狮子林后院、沧浪亭等处。

武昌浦：1948年，中共中央中原局决定以河南大学一批进步师生为基础在宝丰筹建中原大学，范文澜任校长。11月，将中原大学迁往开封河南大学校址办学。1949年，中原大学迁往武汉三镇办学，为日后华中师范大学的成立奠定了基础。

附　　录

校庆标语、对联

一、标语

1. 热烈庆祝河南大学建校 100 周年
2. 深化改革,加快发展,努力把河南大学建设成为国内一流大学
3. 热烈欢迎广大校友荣归母校共商发展大计
4. 向关心支持河南大学发展的海内外校友和各界人士致以崇高的敬意

二、对联

1. 春风化雨,打造人文河大
   润物无声,坚持以德育人
2. 厚德载物为学欲酬报国志
   明耻强邦执业犹怀济时心
3. 含英咀华最难忘寒窗苦读
   传道授业长相忆母校情结
4. 明德新民吾辈立身楷则
   止于至善学子做人精神
5. 聚嵩岳云气笑看济济人才今最盛
   挹大河长风欣闻莘莘学子奏华章
6. 百年名校英才辈出鲲跃鹏飞正展翅
   万千学子中流击水笔酣墨畅绘新图
7. 百年耕耘立德立言广植桃李满天下
   世纪创业兴教兴国喜看英华遍神州
8. 海纳百川,汲取人类文化优秀成果
   与时俱进,谱写中国教育崭新篇章
9. 天地启宏慈,千载黄河育七朝帝都

附　录

古今垂旷典,百年河大耀九州英才
10. 河韵振魂,向学海扬帆,铁塔凌云酬壮志
　　南风扑面,引龙亭起凤,琼林染翰泐丰碑
11. 灵璧勒铭,明德以诚,歆欤才俊文章盛
　　祥云毓秀,新民为信,已尔峰峦嵩岳高
12. 适从湖光塔影里来秀色可人两袖犹带琴书气
　　更向海阔天空中去征程催我双翼好负图南风
13. 籍华夏神韵乘改革东风鲲鹏展翅河大儿女创伟业
　　腾黄河巨浪施发展宏图蛟龙出海神州名校续华章
14. 秉承前辈高风,明德求真,会八方英杰共营新局面
　　光大优良传统,亲民至善,开千载美名同铸好前程
15. 临河水而思教学相长,传薪续火,百载沧桑堪作大
　　望铁塔以明德才兼备,报国新民,满园桃李自争春
16. 一百年树蕙滋兰,抱宋韵书香,染透青春红胜火
　　九万里迎风展卷,襟黄河中岳,蔚成特色灿如珠
17. 浩浩黉园逢百诞,河大辉煌勇创桃李满天名世界
　　莘莘学子竞高鸿,中华梁栋睿擎新生拔地展宏图
18. 桃李百年春,育栋梁才,壮大河魂,敢令杏坛扬典范
　　鸿鹄千里志,攀龙虎榜,揽沧海月,好教棣木柱长天
19. 豫中藏魅力,四季耕耘,育李培桃,善在人间兴翰苑
　　河大铸辉煌,百年砥砺,花妍果硕,喜于天下得精英
20. 百年育英才硕果累累东西南北处处有河大学子为国效力图强国
　　世纪重科教雄心勃勃春夏秋冬时时闻河大声音为民争光谋富民
21. 百年河大人文盛,铁塔为毫,贡碑书史,源源学子挥椽笔
　　一种精神岁月稠,新民如海,明德若川,笃笃箴言濯栋梁
22. 教帜高擎华夏,一百年化雨育才,丹心培德,万里蜚声辉绛帐
　　斯文炳曜开封,四十万蕙兰匝地,梁栋柱天,三春击节颂熏风
23. 立足中原,明德新民,耕云播雨,腾龙骧凤,炳蔚百年辉豫史
　　潜心学术,止于至善,纳海容川,托日升星,葱茏一脉领思潮
24. 黄河激荡,王气氤氲,更兼积淀千秋,文脉犹同龙脉壮
　　明德新民,培桃育李,最喜辉煌百载,栋梁常自汴梁来
25. 踞七朝都会,饱汲山川之秀,文化之精,底蕴雄浑培大木
　　敞百载胸襟,高扬勤奋之旗,谨严之帜,风华茂盛报神州
26. 揽世纪风云,聚古今菁华,栉风沐雨,薪火相续,泽被中原耀青史
　　蕴天地浩气,踵炎黄步武,发扬蹈厉,骐骥争驰,声振河岳撼星斗

27. 明德新民,止于至善,校训最严尊,百年回首,激荡风云功璀璨
    创优示范,求以图强,人才专苦育,一帜烁星,奋倾肝胆志熊恢

28. 秉嵩岳昂藏之气,卓立中原,俯仰五洲,明德励志,探骊掣鲸滋兰树蕙历百载
    承黄河浩瀚之魄,雄视天下,驰骋四海,新民济世,琢玉雕龙镂金错彩耀千秋

29. 伏牛秦岭三千里烽烟历尽险阻艰辛呕心沥血救亡图存不忘立德树人是己任
    铁塔黄河一百年风雨倡明科学民主竭虑殚精创新求实惟将富邦强国作前程

30. 枕万里黄河,拥七代古都,立足开封,扬名世界,历风雨沧桑,明德新民臻至善
    凭一流理念,创百年大学,倾心教育,播爱中华,看江山秀丽,嫣红姹紫沐春晖

31. 嵩岳苍苍,一部盛典铭古都,执一念,读一部璀璨,吟一样凯歌,一往无前一路传薪火
    人才济济,百年学园庆华诞,纳百川,忆百年峥嵘,阅百般春色,百折不挠百倍树信心

32. 秉七朝底蕴,夯兴邦强国之基,立足中原,纳四海英贤,创一流学府,龙虎飞扬王者气
    壮九曲人文,树明德新民之帜,止于至善,续百年精彩,展万里鹏程,风云激荡大河魂

河南大学百年校庆网媒专题

人民网

凤凰网

大河网

网 易

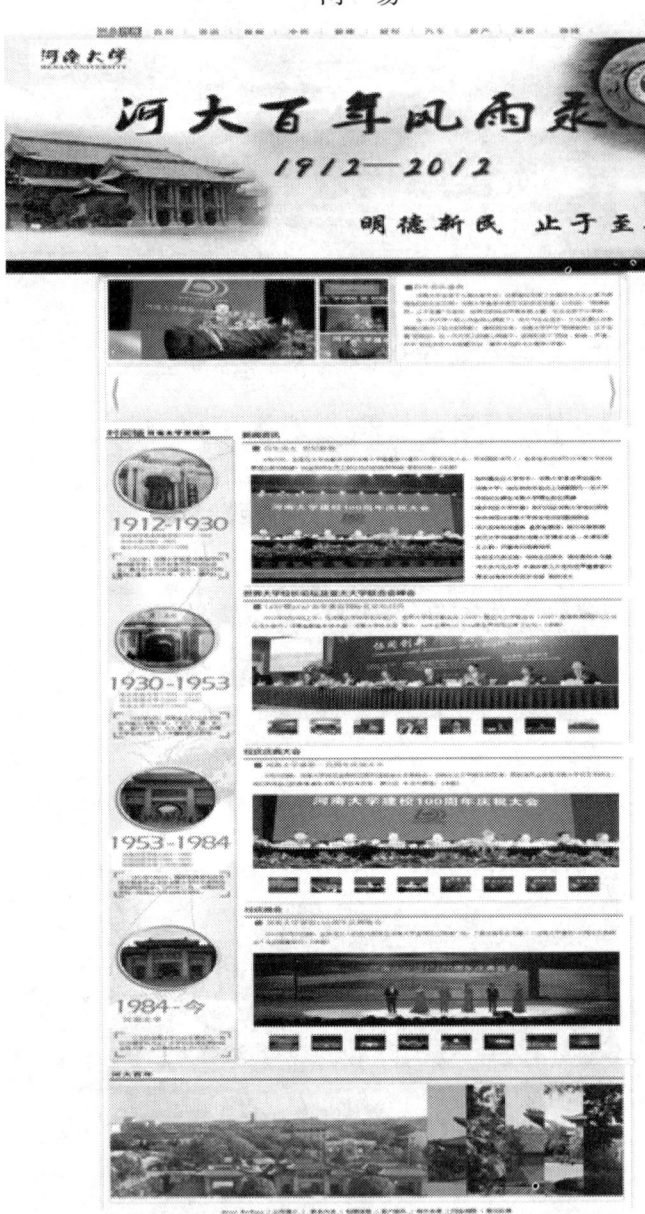

商都网

中原映像网(视频直播网页版)

新浪网

中新网

后　记

这是一本记录河南大学百年校庆盛典恢弘场景的书。

如您所见,本书包含以下内容:党和国家领导人为我校校庆的题词、贺信,兄弟高校的贺词、贺信,知名校友的贺词、贺信,校庆庆典仪式上各级领导和嘉宾的讲话,校庆期间的重要活动和会议,主流媒体对于我校校庆及相关活动的报道,等等。

需要说明的是,由于篇幅所限,本书没能将贺词、贺信全部收入。好在我校党政办已将相关贺词、贺信结集出版,可补本书遗珠之憾。

另需说明的是,本书所收集的媒体报道,仅限于媒体对于我校校庆庆典本身的报道,更多深度报道,可参阅"世纪跨越:庆祝河南大学建校100周年珍藏丛书"的其他图书。

感谢各级媒体记者的妙手文章,它们无疑为本书增添了光彩。

编者
2013年2月